KB068112

다이브 딥

일러두기

▲ 이 책에 담긴 내용은 저자가 2021년부터 2023년 3월 초까지 진행한 취재 및 조사를
바탕으로 작성되었다.

▲ 본문은 한글 맞춤법 및 외래어 표기법을 따르는 것을 원칙으로 하되 널리 통용되는
표기법이 있을 경우 포함했다.

▲ 단행본은 『 』, 잡지는 《 》, 영화 · TV 프로그램 등은 〈 〉으로 표기했다.

다이브 딥

박선희 지음

한계를 향해 한계 없이,
모두가 불가능하다고 했던
쿠팡의 성공 법칙

알에이치코리아

무협지처럼 재미있다. 『다이브 딥』은 한국 기업 역사상 최단기 · 초고속 성
장한 '쿠팡'이라는 미스터리한 기업을 산업부 기자의 예리한 시각으로 속
시원하게 설명한다. 쿠팡은 유통 기업인가, 물류 기업인가, 기술 기업인가?
혹은 한국 기업인가, 미국 기업인가? 이제 소비자들은 쿠팡 없이 살 수 있
을까? 이 같은 궁금증에 대하여 그 해답을 단숨에 제공해 주는 책이자 최
근 10년간 한국 최고의 파괴적 혁신 기업으로 평가받는 '쿠팡'에 관한 최
초의 해설서다.   **서용구** 숙명여대 경영학부 · 경영전문대학원 교수

쿠팡에 대한 평가는 항상 극단적이다. 소비자부터 전문가까지, 격찬 아니
면 저주. 경이로움과 두려움은 그 대상을 이해하지 못할 때 더 커지는 법
이다. 이 책이 파헤친 '쿠팡의 법칙'은 쿠팡을 이해하기 힘들거나, 이해하
기 싫은 사람조차 그들이 왜 가장 빨리, 가장 크게 성장할 수밖에 없었는
지 한 번에 이해하게 한다.   **최성진** 코리아스타트업포럼 대표

이 책을 읽기 전 마침 아마존을 소재로 한 칼럼을 마무리하고 있었다. "아
마존? 한국이라면 쿠팡쯤 되겠지"라고 썼던 기억이 난다. 책에도 나왔듯이
쿠팡은 '한 번도 쓰지 않은 사람은 있지만 한 번만 쓴 사람은 없'을 정도로
우리 생활 깊숙이 자리 잡은 국민 쇼핑 창구가 된 회사다. 로켓배송, 계획
된 적자, 뉴욕 증시 상장 등 걸어온 페이지마다 명확한 키워드를 남긴 쿠
팡의 매력이 『다이브 딥』에서 낱낱이 드러난다.

최한나 HBR Korea(하버드비즈니스리뷰 코리아) 편집장

그 회사 안 망해요?

2021년 봄, 만성 적자 기업 쿠팡의 대형 로켓 현수막과 태극기가 뉴욕증권거래소에 내걸렸다. 표현력과 제스처가 풍부한 이 회사의 젊은 창업자는 목소리와 표정에서 상장을 앞둔 흥분을 굳이 감추지 않았다. 비대면 로드쇼를 성황리에 마친 후 쿠팡은 공모가를 당초 투자 설명회 때보다 높은 35달러로 정했고 개장 오프닝 벨을 울리는 동시에 'CPNG'란 종목 코드로 뉴욕 증시 상장을 앞두고 있었다.

하지만 김범석 의장이 화상으로 연결된 임직원들의 갈채와 환호 속에서 힘껏 울린 오프닝 벨은 많은 이들에게 기쁨이기보단 충격이었다. 저 적자투성이 회사가 왜 '아직도' 안 망했는지, 왜 망하기는커녕 뉴욕 증시 상장으로 세계적인 스포트라이트를 받고 있는 건지 어리둥절했다. 인터넷으로 기저귀와 생수나 팔던 회사 아니었던가. 심지어 그것도 적자를 감당하지 못할 정도의 무모한 가격과 속도에 팔아치우던 회사 말이다.

모두가 망할 거라고 했던 회사의 반전

쿠팡의 가장 획기적인 발명품은 사실 로켓배송이 아니었다. 쿠팡은 '계획된 적자론'을 한국에 최초로 도입한 기업이었다. 마그리트의 그림처럼 이질적인 두 단어를 결합한 이 이론에 따르면, 그들의 적자는 통념과 달리 아직 구현되지 않은 원대한 빅 픽처의 일부일 뿐이었다. 그래서 믿거나 말거나, 적자는 성공적인 지표였다. 그 이론은 괴짜 풍수지리학자가 들고 있는 수맥 탐사봉처럼 의문스러워 보였다. 탐사봉에는 탐사봉만의 메커니즘이 있었다. 하지만 그게 요동치는 이유가 수맥 때문인지, 사기 때문인지는 땅을 파보기 전까지는 아무도 알 수 없었다.

많은 이들은 상식에 근거해 후자 쪽에 손을 들었다. 적자투성이인 쿠팡은 오랫동안 곧 망할 회사, 혹은 결국 망하고 말 회사라고 저격당해 왔다. 식물이나 물방울 결정체조차도 '넌 망할 거야'라고 끊임없이 조잘대면 시들거나 망가진다고들 한다. 그러나 놀랍게도 이 회사는 생긴 지 10여 년 만에 100조 원 가치의 기업이 됐다.*

　상장신고서에 나타난 쿠팡의 지표는 인상적이었다. 창립 멤버 7명에서 시작한 회사는 어느새 5만 명 가까운 고용을 창출하고 있었다. 최근 3개월간 쿠팡에서 제품을 산 사람은 1458만 명이었는데 국내 전체 인구수로 단순 계산하면 국민 3.4명 중 1명이 쿠팡을 썼다는 뜻이었다. 전국 30개 도시에 100여 개 이상의 물류센터를 확보하고 있었고 한국인 70%가 쿠팡 물류센터 내 7마일(약 11.3km) 안인 일명 '쿠세권(로켓배송 가능 지역)'에 살고 있었다. 물론 여전히 '적자' 상태였지만, 매출이 급증한 데 비해 손실 규모는 확연히 줄어 있었다. 뉴욕증권거래소와 타임스퀘어 대형 전광판에 태극기와 쿠팡 로고가 내걸린 날 이 회사는 '한국의 아마존'이란 찬사와 함께 중국의 알리바바 이후 아시아 기업 중 최대 규모의 성공적 기업공개IPO를 이뤄냈다. 이날 쿠팡이 조달한 금액은 46억 달러(약 5조 원)였다. 김범석 의장은 뉴욕 증시에 상장한 기업의 창업자들이 서명한 낙서로 가득한 거래소 벽면에 한글로 서명을 남긴 최초의 인물이 됐다.

●　2021년 3월 11일 뉴욕 증시 상장 당일 종가 기준

쿠팡을 보는 엇갈린 시선들

그 무렵 유통 분야를 취재하는 기자로서 나는 사람을 분류하는 새로운 방식을 터득해 가고 있었다. 만나는 사람마다 쿠팡에 대해 이야기했지만, 굉장한 옹호론자와 혹독한 회의론자 둘로 갈라졌다. 내 쪽은 전자였다. 한국에서 다섯 살 터울의 남매를 키우는 워킹맘 기자로 사는 건 생각만큼 녹록한 일이 아니었다. 적어도 내 경우엔 경력단절의 숱한 고비를 넘기는 데 나라가 해준 것보다 쿠팡이 해준 게 많다고 생각했다. 하지만 내 말에 밥맛이 떨어진 나머지 젓가락을 내려놓는 취재원들도 많았다. 그들은 '나는 쿠팡이 싫어요'란 표정을 지었는데 그 표정은 '나는 공산당이 싫어요'를 연상시킬 만큼 진지했다. 한강이 내려다보이는 사무실에서 만난 글로벌 컨설팅 회사의 한 소비재 담당 파트너는 쿠팡의 '쿠'자만 나와도 '극혐'하는 표정을 지어 보였다. 그는 쿠팡에서 구입한 골프 장갑이 짝퉁인 걸 알게 됐을 때의 트라우마를 도저히 극복할 수 없다고 했다. 어쩌면 쿠팡이란 기업 자체가 그에겐 만지기조차 싫었던 싸구려 골프 장갑과도 같은 존재로 보인 것 같았다. 근본 없는 '짝퉁 아마존' 말이다.

두 진영의 간극은 화합될 수 없어 보였다. 쿠팡의 미래에 대해서도 마찬가지였다. 혁신 기업과 좀비 기업이 양립할 수 있는 지대는 없었다. 쿠팡은 기존 산업의 문법을 파괴하며 성장해 온 디스럽터Disruptor였기 때문에 누구도 기존 방식으로 이 기업의 미래를 단언할 수는 없었다. 하지만 '계획된 적자'의 끝이 실제로 존재하는 건지 궁금해하는 이들은 여전히 많았다. 상장 직후 CNBC의 생방송 인터뷰에서 진행자는 집요할 정도로 반복해서 흑자 전환 시기를 질문했다. 하지만 김 의장은 더욱 집요하게 그의 대답을 피했다. 어쩌면 이 문제에 정답은 없어 보였다. 각자의 신념만이 있을 뿐이었다.

그 회사 안 망하냐는 질문에 대하여

쿠팡의 한 전직 임원은 입사 이후 주변에서 가장 많이 받은 질문이 "그 회사 안 망해?"였다고 말했다. 하도 많이 들어서 언젠가 책을 쓰면 꼭 이 제목으로 쓰리라 결심했을 정도라고 했다. 쿠팡이 상장했다고 해서 이 질문이 사라진 건 아니었다. 대신 이렇게 바뀌었다.

"그래서 그 회사 진짜 안 망해?"

누구도 그런 질문에 확답을 줄 수는 없었다. 하지만 적어도 한가지 사실만은 분명했다. 어쨌든 쿠팡은 말만 무수히 많았던 관전자들이 해내지 못한 일을 해냈다는 것이었다. 이 사실에서만큼은 누구도 이의를 제기하기 어려웠다. 이 회사는 약속된 시간에 도착하는 신속한 물류 시스템으로 국내 소비자들의 일상을 획기적으로 바꿔놨다. 한국이란 작은 나라의 이커머스 시장을 재평가하게 했고 수많은 국내 스타트업들이 세계 최대의 자본 시장인 미국 상장을 꿈꾸는 물꼬를 텄다. 무엇보다 삼성전자, 현대자동차에 뒤이어 한국에서 가장 많은 고용을 창출하는 기업이 됐다. '그런 식'으로 하면 누가 못 하냐고들 했지만, 왜인지 (정말로 왜인지) 쿠팡 외에는 아무도 '그런 식'으로 하지 못했다. 괴물 같은 속도로 성장한 이 독특한 기업에는 눈여겨봐야 할 점이 분명히 존재했다. 하지만 그게 뭔지는 다들 잘 모르는 것처럼 보였다. 한국 사회는 해외 투자자들과 함께 성장한 후 적자를 떠안은 채 미국 뉴욕 증시에까지 성공적으로 상장한 스타트업을 쿠팡을 통해서 처음 목도했기 때문이었다.

왜 모두가 망할 것이라고 했던 곳에 해외 유수의 투자자들은 그렇게 많은 돈을 투자했을까? 왜 세계에서 가장 큰 자본 시장이 그런 갈채를 보냈던 것일까? 무엇보다도 어떻게 이 적자투성이 회사는 '아직도' 망하지 않고 있는 것일까? 매일 로켓배송으로 쇼핑하고, 거리 모퉁이마다 서 있는 쿠팡 트럭을 무심히 쳐다보면서도 우리가 간과했던 건 무엇이었을까?

그들이 봤던 것, 그리고 우리가 보지 못했던 것.

유통담당 기자이자, 배송완료일로부터 90일 이내 작성할 수 있는 쿠팡 리뷰 목록이 늘 100개가 넘는 헤비 쇼퍼인 동시에, 로켓배송이 없던 시절 워킹맘의 삶은 마치 무통 주사가 없던 시절의 자연분만처럼 끔찍하지 않았을까 생각하는 열성 소비자로서,

나는 이 질문에 답해보고 싶다는 이상한 열망을 느꼈다. 다양한 경로를 통해 전현직 쿠팡 임직원과 이커머스·리테일 업계 전문가들을 만나고 국내외에서 쏟아지는 보도를 추적하면서 쿠팡이 밟아온 여정을 되짚어 가는 탐사deep dive를 시작했다. 기저귀와 생수나 헐값에 팔다 망해버릴 회사라는 오래된 오해 너머에 있을 '쿠팡의 법칙'을 찾기 위해서였다. 그러니까 이 책은 쿠팡이라는 논쟁적 기업이 가진 수많은 면모 중 '그들이 본 것'과 '우리가 못 본 것'에 대한 참을 수 없는 궁금증에서 출발한 취재의 결과물임을 밝혀둔다.

차례

괴물이 나타났다

1
다이브

누구보다
빠르게

목표가 정해진 뒤에는 모든 것이 김 의장이 즐겼던
농구의 팀플레이처럼 일사천리로 신속하게 진행됐다.
신생 온라인 비즈니스에서 선도 사업자가 되기 위해
가장 중요한 건 무엇보다 속도였다.

결혼식 2주 전
회사를 세운 창업자

농구하다 만난 좋은 친구들

실리콘밸리 창업기에 단골로 등장하는 허름한 차고 대신, 재빠른 스텝과 바운드 볼 소리로 뒤엉킨 농구장으로 무대를 옮겨보자. 쿠팡의 이야기는 뉴욕 맨해튼 남부 허드슨강에 인접한 뉴욕의 명문고 스타이브슨고등학교의 속도감 넘치는 농구 코트에서 시작된다.

2008년경 스타트업 창업자이자 벤처투자 업계에서 경력을 쌓아가던 벤은 이곳에서 열린 주말 농구 픽업 게임에서 우연히 한국계 또래 친구를 만나게 된다. 하버드대 졸업 후 보스턴컨설팅 그룹에서 일했다는 농구 좋아하는 엘리트 청년이었다. 대학 시절에도 《커런트current》라는 무가 잡지를 만들어 뉴스위크에 매각한 경험이 있던 그 청년은 얼마 전까지 명문대 출신들을 겨냥한 또 다른 잡지인 《빈티지 미디어vintage media》를 몇 년간 운영하다 매각하고 새 사업을 구상 중이라고 했다. 스타트업 업계에서 안면이 있었다는 사실을 알게 된 두 사람은 공통의 관심사를 바탕으로 금방 가까워진다.

당시 이들의 만남에서 10여 년 뒤 찾아올 엄청난 성공의 전조를 찾아내긴 어려웠다. 두 사람은 지금은 기억해 내기조차 힘든 별 볼 일 없는 아이디어를 한참 주고받으며 조잘거렸던 게 분명해 보인다. 하지만 벤은 그 와중에도 상대가 엄청나게 똑똑할 뿐 아니라 전도유망하며 충분히 알고 지낼 가치가 있는 사람인 것만은 분명히 알아봤다. 그리고 그의 예상은 틀리지 않았다. 몇 년 뒤 그들은 시시한 초창기 아이디어 대신 '한국의 그루폰'을 만들어 보자는 야심 찬 계획을 함께 실행에 옮기게 된다. 창업자 대 투자자로서 말이다. 벤은 설립 때부터 지금까지 쿠팡 이사회 멤버를 맡고 있는 벤자민 선, 그가 농구장에서 우연히 만났던 또래 청년은 쿠팡의 창업자인 김범석 의장이다.●1

● 벤자민 선은 쿠팡의 초기 투자자인 알토스벤처스 Altos Ventures 김한준 대표에게 "농구하다 만난 좋은 친구"라고 김범석 의장을 소개했다. 김 대표는 이 일화를 자신의 페이스북에 공개했다.

마법 같은 일이 일어나는 순간

2010년 2월 이들은 뉴욕 유니언스퀘어의 한 일본 라멘집에서 모처럼 다시 만났다. 김범석 의장이 하버드경영대학원에 다니며 보스턴에 머물던 때였다. 근황을 나누던 중 그루폰이란 기업이 화제에 올랐다. 그루폰은 2008년 건물 1층에 있던 피자집에서 피자 두 판을 당일에 한해 한 판 가격에 판매하는 반값 쿠폰을 팔아 히트 친 것을 계기로 주변 식당, 공연장 등에서 쓸 수 있는 할인 쿠폰을 선보이며 급성장 중인 소셜커머스 업체였다. 초기에는 주로 트위터와 페이스북 같은 소셜미디어를 통해 입소문으로 홍보했기 때문에 저비용 고효율의 획기적 비즈니스로 여겨졌다. 곳곳에서 '아류 그루폰'들이 생겨나고 있었다.

김 의장은 마침 보스턴 기반의 소셜커머스 업체 한 곳을 눈여겨보고 있었다. 소셜커머스의 수익 모델을 들여다볼수록 한국에 적용해 볼 만한 사업이란 생각이 들었다. 김 의장은 미국 주재원이었던 아버지를 따라 7세 때 한국을 떠나 줄곧 미국에서 자랐다. 하지만 자신의 뿌리가 있는 한국에 언제나 관심이 많았다. 대학 시절 교환학생으로 서울대에서 1년간 공부한 경험도 있었고 언젠가 한국에서 사업을 해보고 싶다는 꿈도 갖고 있었다. 한국은 인구 밀도가 높고, 자영업자가 많은 데다 인터넷이 매우 발달한 곳이었다. 두 사람의 대화가 조금씩 구체화될수록 당시 새롭게 태동하던 소셜커머스 모델과 한국 이커머스 시장만의 독특한 잠재력이 합쳐졌다. 불확실성 속에서 마술적 확신이 생겼다. 선은 이 순간을 이렇게 회상했다.

"성공은 결국 창업자의 자기 확신에서 온다. 투자자가 같은 믿음을 갖고 있을 때 마법 같은 일이 일어난다."[2]

필요한 건 오직 속도뿐

목표가 정해진 뒤에는 모든 것이 김 의장이 즐겼던 농구의 팀플레이처럼 일사천리로 신속하게 진행됐다. 신생 온라인 비즈니스에서 선도 사업자가 되기 위해 가장 중요한 건 무엇보다 속도였다. 당시 김 의장은 하버드경영대학원에 재학 중이었고, 얼마 뒤 결혼을 앞둔 약혼녀도 있었다. 모두 일생일대의 일이었지만 그에게는 한국행을 지체할 이유가 되지 못했다.

김 의장은 하버드를 중퇴한 뒤 시드머니를 모았다. 하버드대 인맥과 두 번의 창업 경험에서 쌓은 투자 경험을 적극적으로 활용했다. 이때 쿠팡에 투자했던 이들 중엔 김 의장의 은사이자 『혁신기업의 딜레마』란 저서로 잘 알려진 클레이튼 크리스텐슨 하버드경영대학원 교수의 아들 매튜 크리스텐슨도 있었다. 보스턴컨설팅그룹에서 함께 일했던 매튜 크리스텐슨은 김 의장이 미디어 스타트업을 시작했을 때도 투자했던 가까운 친구였다. 그는 쿠팡에 관해 알 수 있는 것이 불과 파워포인트 한 장뿐인 상태에서도 기꺼이 투자했다.[3] 쿠팡의 초기 투자자 중에는 '베이비 버핏'으로 불리는 헤지펀드 거물인 빌 애크먼도 있었는데 그 역시 김 의장과 하버드경영대학원 동문이었다.• 애크먼의 소개로 데이빗 프랭클 같은 다른 벤처캐피털 투자자도 훗날 잭팟이 터질 쿠팡에 일찌감치 돈을 넣어둘 수 있었다.••[4]

때로는 테크톤의 경우처럼, 전화 한 통만으로 투자가 결정되기도 했다. 2010년경 실리콘밸리에 기반한 투자 회사 테크톤의 창업자인 자이 최는 어느 날 한국에서 소셜커머스로 창업을 준비한다는 하버드대 출신 청년으로부터 전화 한 통을 받았다. 투자를 요청하는 그에게서 얻을 수 있었던 건 고작 몇 개월 치 시장 분석을 바탕으로 한 '향후 비전'뿐이었다. 하지만 최는 상대의 얼굴도 보지 않고 투자를 결정했다. 통화만으로 그가 무엇을 해야 할지 분명히 알고 있는 '비범한 창업자'란 것을 충분히 알 수 있었기 때문이다. 최는 "그에게는 절대 멈추지 않는 실행력, 살짝 미쳤다 싶을 정도의 끈질긴 집중력과 어떤 문제에 대해서도 절대 '안 된다'고 하지 않는 태도가 모두 있었다"고 말했다.[5]

• 정확한 투자 시점은 알려지지 않았지만, 빌 애크먼은 쿠팡 상장 직후 자신이 쿠팡의 '초기 투자자'day one investor였다고 밝히며 13억 3700만 달러(약 1조 5375억 원)에 달하는 보유지분을 모두 자선단체에 기부하겠다고 말했다.

•• 김 의장은 쿠팡의 초기 투자자 상당수가 학부 시절 벤처 사업을 하며 인연을 맺은 곳들이라고 인터뷰에서 밝힌 바 있다.

약 130만 달러가량의 시드머니를 확보한 그는 약혼녀를 미국에 남겨둔 채 백팩 하나를 메고 홀로 인천공항에 도착했다. 삶의 모든 기반을 미국에 두고 성장해 온 그에게 한국은 낯선 곳이었다. 사무실을 구하기 위해 부동산 중개업소를 헤매고 다니자 한 중개업소 사장은 "영어 잘하니 대기업 취직해 편하게 살 수 있을 텐데 왜 벤처 같은 걸 한다고 고생하냐"고 물었다. 한국의 스타트업 문화는 척박했다. 그럴수록 한국에서 제대로 된 벤처 회사를 세워야겠다는 오기가 발동했다.[6]

쿠팡에 새겨진 속자생존의 DNA

김 의장은 신사동의 한 사무실에 하버드대 동문들을 모았다. 윤증현 전 기획재정부 장관의 딸인 윤선주 이사, 하버드 MBA 동문이자 SK가家 자제인 고재우 부사장 등이 창립 멤버로 합류했다.* 이 쟁쟁한 스펙의 '엄친아'들은 쿠팡이 서비스 출범 전부터 언론의 주목을 받는 데 톡톡히 공헌을 했다. 2010년 8월, 두 달간의 초고속 준비 끝에 김 의장은 마침내 쿠팡을 선보일 수 있게 됐다. 하지만 한 가지 문제가 있었다. 서비스 오픈 날이 하필 오

• 창립 당시 쿠팡의 운영사명은 '포워드벤처스'였으나 2017년경 인지도, 사업 정체성 등을 고려하여 회사명을 현재의 '쿠팡주식회사'로 변경했다.

랜 연인과 결혼하기 불과 2주 전인 시점이었던 것이다. 하버드 로스쿨에 재학 중이었던 그의 약혼녀는 줄곧 미국에 머물고 있었다. 처음부터 속도가 이 사업의 성패를 결정지을 거라고 강조해 왔던 선 역시 이때만은 한발 물러섰다. 사업 관련 조언을 지속적으로 해오던 선은 이메일로 이렇게 신신당부했다.

"이건 친구로서의 부탁이야. 일단은 결혼식을 즐기는 게 좋겠어. 네가 하는 일을 그렇게 지지해 주는 반려자가 있다는 건 너무 큰 축복이야. 결혼 몇 주 전에 사이트를 여는 건 여러모로 산만할 거야. 몇 주쯤 뒤에 연다고 해서 사업이 망하진 않아. 날 믿어."[7]

물론 김 의장은 그 말을 믿지 않았다. 그는 예정대로 쿠팡의 서비스를 런칭한 뒤 보스턴으로 날아가 결혼식을 올렸다. 리셉션 도중 20분 정도 쪽잠을 잔 게 전부였다. 결혼식을 올린 직후에는 신혼여행도 생략하고 다시 서울로 돌아와 새벽까지 이어지는 격무를 지속했다.

만약 그때 쿠팡의 출범이 몇 주 뒤로 미뤄졌다면 지금의 쿠팡은 존재하지 않았을까?

먼저 시작할수록 유리한 사업이었던 건 확실하지만 지연된 시간이 단 2주 정도였다면, 그것 때문에 모든 게 뒤바뀌지는 않았을 것이다. 어쩌면 주변의 조언처럼 결혼식을 올린 뒤에 회사를 출범시켰어도 쿠팡은 지금의 쿠팡일 수 있었다. 하지만 이 회사는 그런 느긋하고 융통성 있는 방식으로 탄생하지 않았다. 쿠팡의 출범은 엄청난 속도의 레이싱 서킷에 올라탄 채 긴박하게 이뤄졌다.

말콤 글래드웰은 '지금 아니면 안 된다'는 급한 성격을 성공한 기업인들이 가진 공통적인 특성 중 하나로 꼽는다. 이들은 꽂히는 게 있을 때 '지금 당장' 하지 않는 걸 견디지 못한다. 좋든 싫든 창업자의 DNA에 새겨져 기업문화로까지 승계된 이 같은 긴박성은 이후 산업계 전반에 속자생존의 시대를 몰고 온 쿠팡의 성공에서 중요한 요인이 됐다. 요컨대 이 회사는 시작부터 빨랐고, 계속해서 빠를 수밖에 없었다.

그루폰을
두 번 퇴짜 놓다

추억의 소셜커머스 3인방

미국에서 그루폰이란 소셜커머스 기업이 승승장구하기 시작하던 당시 '한국에서도 이런 사업을 한번 해볼까?'라고 생각한 이들이 쿠팡밖에 없지는 않았다. 아니, 생각보다 '훨씬 더' 많았다. 쿠팡이 창업된 해 한국에서는 '핫딜'과 '반값 할인'을 내세운 소셜커머스 업체가 사흘 또래로 생겼다. 쿠팡은 한국에서 생긴 서른 번째 소셜커머스 업체였다. 한창때 소셜커머스로 등록된 업체만 300개가 넘었다.

티몬 창업자인 신현성 전 의장은 펜실베이나 와튼스쿨 출신들과 쿠팡보다 몇 개월이나 더 빨리 회사를 차렸다. 이들은 '미국 아이비리그 출신 엘리트 청년들의 창업'으로 언론의 집중적인 조명을 받았다. 몇 개월 뒤에 위메프도 탄생했다. 위메프는 셋 중에서 가장 후발 업체였지만 서비스 개시 전부터 화제를 모았다. 게임 회사 네오플을 창업한 뒤 넥슨에 3000억 원대에 매각해 유명세를 탄 허민 대표의 스타트업 복귀작이었기 때문이다.

세 업체는 한국에 불어닥친 소셜커머스 춘추전국시대에 선두권을 형성하며 일명 '소셜커머스 3인방'으로 불렸다. 하지만 어감과 달리 사이가 썩 좋지는 않았던 친구들이었다. 누가 업계의 '진정한 1위'냐를 놓고 수시로 반박 자료를 쏟아내면서 치열한 공방을 벌였고 악의적 루머나 타사 비방 광고, 상호 간의 고소 고발전도 난무했다.●

당시 쿠팡은 '한국의 그루폰'을 공식적으로 표방했다. 쿠팡이란 사명에서부터 그런 느낌이 났다. 그루폰은 그룹Group과 쿠폰Coupon을 합친 말이었는데, 쿠팡은 '쿠폰이 팡팡 터진다'는 뜻에서 '쿠폰'Coupon과 의성어 '팡'pang을 합쳤다. 그루폰이 미국에서 통했던 것처럼, 쿠팡도 한국에서 통했다. 쿠팡은 전국 각 지역의 미용실, 에스테틱, 식당 등에서 쓸 수 있는 할인 쿠폰을 딜로 올렸고 서비스는 확장 일로를 걸었다. 쿠팡은 출범 반년 만에 회원

● 2011년부터 양강 구도를 형성한 쿠팡과 티몬은 서로 다른 지표를 놓고 자신이 업계 1위라고 주장하는 공방전을 벌였다. 2013년엔 위메프가 티몬을 사이버 명예훼손 혐의로 고소했고, 2014년엔 쿠팡이 자사 비하 광고를 한 위메프를 공정위에 신고했다.

수 100만 명을 넘겼다. 물론 쿠팡만 잘된 게 아니라 티몬과 위메
프도 잘됐다. 한국의 소셜커머스 시장 자체가 초창기부터 폭발적
으로 성장했다. 출범한 해에 500억 원 규모였던 시장 규모는 1년
만에 1조 원까지 말 그대로 폭증했다. 스마트폰이 보급되면서 쇼
핑 패러다임이 PC 인터넷에서 모바일로 급격히 전환됐던 시기였
기 때문이다.

전광석화로 찾아온 위기

급성장하는 산업답게 위기 역시 범상치 않은 속도로 닥쳤다.
창업한 지 불과 몇 달 되지도 않은 시점, 그루폰의 한국 진출설이
돌기 시작했다. 상장을 앞두고 공격적으로 해외 시장에 진출하고
있던 그루폰이 자고 일어나면 몇 배씩 성장하는 한국 시장을 그
냥 두고 볼 리 없었다. 당시 그루폰은 현지의 1위 업체를 인수하
는 전략으로 로컬 시장을 공략하고 있었다. 그들이 눈여겨본 한
국 업체는 티몬이었다. 전 세계 44개국, 3500만 가입자를 확보한
세계 1위 소셜커머스 기업이 한국의 선발 업체를 인수해 쿠팡의
경쟁자가 된다는 뜻이었다.

마음이 급해진 쿠팡은 재빠르게 움직였다. 벤자민 선이 그루
폰 이사회 측에 이메일을 써서 미팅을 잡았고 김범석 의장은 시
카고에 있는 본사를 직접 찾아가 인터내셔널 헤드를 대면했다.

그루폰은 한 번의 미팅 이후 인수 의향을 드러냈다. 당시 그루폰은 막대한 자금을 쏟아부으며 상장을 준비 중인 세계 1위 업체였고 쿠팡은 창업한 지 고작 몇 개월 된 신생 로컬 업체였다. 그루폰의 제안대로 회사를 매각하는 게 옳은 결정처럼 보였다. 이들은 협상을 마무리 단계까지 구체화했다. 하지만 언 아웃earn-out● 방식의 계약 조건이 쿠팡 쪽에 불리했고 그루폰 측의 협상 태도는 시종일관 오만했다. 김 의장은 단 몇 년이라 해도 이들 밑에서는 일하고 싶지 않았다. 마지막 순간까지 고민하다 결국 매각 거절 의사를 전달했다. 다 된 딜이 무산된 데 분노한 한 그루폰 측 협상자는 오밤중에 김 의장에게 전화해 이렇게 소리치고 전화를 끊었다.

"겁먹으면 그때 다시 전화해!"

망하게 하리란 저주에 대하여

그루폰과 쿠팡의 인연(혹은 악연)은 거기서 끝나지 않았다. 얼마 후 티몬은 회사를 전량 지분교환 방식으로 그루폰의 경쟁사이자 세계 2위 소셜커머스 업체였던 리빙소셜에 매각해 버렸다. 티

● 기업 인수 합병 시 미래에 발생할 수익을 양도자와 양수자가 나누어 갖는 계약. 영업이익이 없을 경우 양도자는 한 푼도 받지 못할 수 있다.

몬이 당시 몇 번이나 구애했던 세계 1위 기업 그루폰을 뿌리치고 굳이 후순위 업체인 리빙소셜을 택했던 건 공교롭게도 쿠팡과 비슷한 이유에서였다.

매각 제안을 받고 시카고 본사를 방문했던 티몬 창업자 앞에서 그루폰은 다짜고짜 계산기부터 두드려댔다. 젊은 창업자에겐 치명적 불쾌감을 주는 행위였다. 그루폰은 닮고 싶은 회사가 아니었다. 반면, 워싱턴 D.C.에 위치한 리빙소셜은 자유분방하면서도 사려 깊은 태도로 창업자를 존중했다. 극명한 대조를 이루는 두 회사의 분위기에서 티몬 측은 '그루폰은 아니올시다'는 내적 확신을 얻었다.[8] 그 결과 마음이 급해진 건 그루폰 쪽이었다. 경쟁자인 리빙소셜에 한국 시장을 다 빼앗기게 된 셈이었다.

그 무렵 그루폰은 다시 쿠팡과 협상대에 앉았다. 두 번째 협상에서 김 의장은 조금 더 유리한 위치가 됐다. 그는 시카고 그루폰 본사에서 최고경영자CEO인 에릭 레프코프스키를 직접 만났다. 티몬 인수 계획이 틀어진 그루폰은 쿠팡이라도 인수하고 싶어 했다. 원하는 가격에 쿠팡을 사기 위해 그들은 협박 전략을 구사했다. 레프코프스키는 그루폰이 한국 시장을 얼마나 관심 있게 지켜보고 있는지와 이 시장에 얼마나 막대한 돈을 공격적으로 투하할지에 대해서 말했다. 그는 "1억 달러쯤은 우습게 쓸 수 있다"는 것을 강조한 뒤 그들의 제안에 따르지 않을 경우 결국 쿠팡은 "수천 번 난도질당해 죽는 것 같은death by a thousand cuts 고통을 맛

보게 될 것"이라고 겁을 줬다.

스타트업 창업자라면 누구나 '선택의 순간'을 맞이하기 마련
이다. 성공적인, 혹은 당시에는 그렇게 보이는 매각으로 엑시트
Exit(매각이나 상장 등으로 투자금을 회수하는 일)를 감행할 것이냐,
혹은 독자적으로 기업을 키워나갈 것이냐의 갈림길이다. 무시무
시한 협박을 불사하는 세계 1위 기업과의 협상에서 김 전 의장이
내린 선택은 후자였다. 그는 두 번째 인수 제안도 거절했다.

무모할 정도로 특별했던 자신감

지금은 그 거절이 옳은 선택이었다는 것을 모두가 안다. 쿠팡
의 '끔찍한 죽음'을 예언했던 그루폰은 그 살벌한 협박이 무색하
게도 잊혀진 기업이 돼버렸다. 소셜커머스의 인기가 떨어지는 중
에도 신속하고 공격적인 피봇pivot으로 사업 모델을 다각화하지
못했고 상장 이후로는 적자를 감수한 대규모 투자도 어려워졌기
때문이다.

밝고 긍정적인 조직문화에 매료되어 그루폰 대신 경쟁사 리빙
소셜의 손을 잡았던 티몬은 리빙소셜이 2년 만에 극심한 경영난
을 겪으면서 그루폰에 재매각되는 불운을 겪게 됐다. 이후 그루
폰마저 사세가 위축되면서 또다시 매물로 나왔고 결국 사모펀드
에 인수됐다. 회사 주인이 계속 바뀌면서 티몬은 장기적인 안목

을 가지고 투자할 기회를 잃어버렸고 결국 경쟁에서도 뒤처지고
말았다.

하지만 당시만 해도 그들의 미래가 이런 모습이 될 줄은 누구
도 예측하지 못했다. 쿠팡의 선택은 명백히 위험하고 불안정한
것이었다. 그루폰은 구글 이후 가장 혁신적인 비즈니스 모델을
구현했다는 찬사를 듣는 세계 1위의 기업이었다. 경쟁사였던 티
몬은 그루폰만큼 위세를 떨치던 글로벌 기업 리빙소셜과 동행하
는 안전한 선택을 했다. 그 길을 거부한 쿠팡의 앞날이 어떨지 당
시만 해도 누구도 장담할 수 없었다. 실제로 그루폰과의 최종 협
상에 동석했던 선은 두 번째 제안마저 엎어버리는 김 의장의 결
정을 지켜보며 조마조마한 마음을 감출 수 없었다. 선은 "그런 자
신감은 정말 특별한 것이었지만 솔직히 말해 진심으로 걱정이 됐
다"고 회상했다.[9]

세계 1위 업체의 인수 제안을 거절한 뒤 남은 건 전력의 직진
뿐이었다. 쿠팡은 그루폰의 매각 제안을 거부한 직후인 창립 1주
년, 나스닥 상장 계획을 밝히면서 처음으로 미국 상장을 공식화
했다. 그리고 맹렬하고 대대적인 피봇을 통해 '아마존 모델'로 진
화하기 시작했다.

김 의장은 학창 시절 손정의 소프트뱅크 회장의 어록에서 발
췌한 한 구절을 이메일 서명 문구로 썼다.

"내가 가진 것은 꿈과 근거 없는 자신감뿐이었다. 그리고 거기서
모든 것이 시작됐다." [10]

쿠팡이 이들과 완전히 다른 길을 걸은 첫 출발점은 어쩌면 두
번이나 안전한 선택을 거부했던 그 '특별한 자신감'이었던 셈이다.

쿠팡 사람들은
언제 자요?

워커홀릭 대표와 그의 직원들

초창기 쿠팡의 목표는 소셜커머스 업계의 확실한 1등이 되는 것이었다. 수많은 소셜커머스 업체가 난립한 가운데 선두 업체인 티몬, 위메프 등과의 주도권 경쟁이 치열했다. 김범석 의장은 "1등이 되면 모든 게 쉬워진다"라며 직원들을 끊임없이 독려했다. 이들은 '소셜커머스 1등'이란 한 가지 목표를 향해 일사불란하게 움직였다.

물론 김 의장은 그중 가장 지독하게 일했다. 투명한 유리 칸막이로 된 대표실에서 밤낮없이 치열하게 일했다. 그는 오전 8시에 출근해서 오전 4시에 퇴근했다. 오전에는 투자자, 오후에는 업계 전문가들과의 외부 일정이 수시로 이어졌다. 자정부터는 집무실에서 일일이 그날 새로 뜬 딜을 확인했다. 새벽 4시까지는 모르는 분야에 대해 공부했다. 그러면서도 그는 절대 흐트러진 모습을 보이지 않았다. 유학 시절부터 콜라를 마시며 밤새 공부하는 습관을 가졌던 그의 사무실에는 늘 지난 밤 마신 빈 콜라 캔이 가득했다.[11]

김 의장에겐 여러 가지 별명이 있었다. 쿠팡의 초기 투자자인 알토스벤처스 김한준 대표는 그를 '스펀지'라고 불렀다. 뭔가를 완전히 이해하고 동의할 때까지 상대에게 계속 물어보고 밀어붙인 뒤 그가 가진 모든 걸 악착같이 흡수하는 스타일이었기 때문이다.[12] 김 의장의 친구이자 투자자인 벤자민 선은 그를 '탁월한incredible 러닝머신'이라고 칭했다. 모르는 게 있으면 탁월한 감각으로 책, 사람, 경험을 망라해 닥치는 대로 섭렵했는데 그 속도가 타의 추종을 불허했다. 김 의장은 마치 물을 빨아들이는 스펀지처럼 상대의 노하우를 모조리 빼앗아 다 자기 것으로 만들어 버렸다.

어떤 분야에서도 실무자급 이상의 지식을 쌓으면서 '딥 다이브'deep dive(철저한 탐사)의 정석을 구현하는 워커홀릭 창업자를 지척에 두고 용감하게 태업을 할 직원은 많지 않았다.* 쿠팡에서

• 벤자민 선은 김 의장을 그가 만난 '최고의 딥 다이빙 문제 해결사'the best deep-diving problem-solver라고 칭했다.

다이브

는 초기부터 "대충 해"라고 말하는 순간, 그 사람이 바보가 되는 문화가 자리 잡았다. 외부 사람들은 종종 이렇게 물었다.

"쿠팡 사람들은 언제 자요?"

자기주도성과 비전은 직원을 춤추게 한다

쿠팡의 초기 성장기 중 가장 큰 미스터리 중 하나는 이처럼 지독하게 일하는 문화였다. 쿠팡의 초창기 직원들은 야근 식대와 교통비 정도만 지원받으면서 매일 새벽 2시까지 자발적으로 일했다. 영업 담당자들은 소셜커머스가 뭔지도 모르는 지역 상인들을 찾아가 맨땅에 헤딩하듯 딜을 따왔다. 보수가 높았던 것도 아니었고, 모두가 알아주는 대기업에 다니고 있던 것도 아니었다. 하지만 2008년 금융위기 이후 혜성처럼 등장해 폭발하듯 커나가는 소셜커머스 붐은 이들의 야생적 모험심을 자극했다. 도저히 불가능할 것 같았던 매출 목표는 때가 되면 어김없이 달성됐다. 회사의 성장률은 매달 비현실적으로 치솟았다. 소셜커머스는 이전까지 없던 새로운 사업 모델이었기 때문에 영업, 마케팅, 신규 사업 어느 분야에서도 정답은 없었다. 의사결정은 신속했고 직원들은 자기 업무에서 주도권을 쥐고 몰입했다. 초창기 멤버들은 청춘, 시간, 경력을 쿠팡이란 신생 회사에 걸고 곧 터질지 모르는 슬롯머신을 부지런히 돌리고 있는 중이었다.

김 의장은 기업의 성장 단계마다 가장 적절하고 분명한 비전을 공유하고 구성원 모두가 내면화할 수 있게 독려했다. 특히 '소셜커머스 1등 기업'이란 단순명료한 목표는 '이 시장에서 뭔가 엄청난 일이 벌어지고 있다'는 직원들의 막연한 기대감을 업무를 향한 강력한 동기부여로 바꿔놨다.

김 의장은 창업 초창기부터 마치 스포츠 팀의 주장처럼 직접 필드에서 뛰며 조직에 영감과 열정을 불어넣는 리더십을 구사했다. 당시의 쿠팡이 스포츠 팀이었다면, 창업자인 그는 경기마다 전력으로 함께 뛰며 소리 지르는 주장 같은 리더였다. 실제로 쿠팡 초창기 김 의장은 사내 농구 동호회인 '쿠팡하프스'에서 직원들과 함께 농구를 즐기기도 했다. 그는 코트 밖에서 팔짱을 낀 채 큰 그림만 그리는 감독보다는 팀원들을 독려하고 다독이며 실제 경기에 동참하는 '농구 팀 리더십'을 꿈꿨다. 그들은 팀 플레이어였다.

김 의장은 의욕 넘치는 30대의 젊은 대표였고, 온몸을 던져 누구보다 혹독하게 일했다. 김 의장이 가장 좋아하는 날은 출근할 생각에 흥분을 참기 힘든 일요일 저녁이었다. 반면 가장 싫어하는 날은 아이디어가 떠올라도 직원들에게 메일을 보낼 수 없는 토요일이었다.[13] 그는 결혼한 지 2년이 다 되도록 신혼여행을 가지 못했고, 홍콩에서 변호사로 일하고 있는 아내와는 1년에 고작 몇 번밖에 만나지 못할 정도로 일에 몰두하며 지냈다.[14]

다이브

대표님을 충격받게 한 설문 결과

창업 2년 차를 넘기며 조직이 급속도로 커졌다. 쿠팡의 인사팀은 직원들을 대상으로 회사 생활에 대한 만족도를 조사했다. 매일 불가능을 경신하며 회사가 급속히 성장하던 중이었다. 힘들어도 일하는 건 신바람이 났기 때문에 회사 분위기는 나빴던 적이 없었다. 하지만 설문 결과는 뜻밖에도 처참했다. 가족이나 지인에게 쿠팡에서 일하기를 추천하겠냐는 질문에 절대다수가 '절대로 하지 않겠다'고 응답했던 것이다.

쿠팡 직원들은 이미 소셜커머스라는 거대한 도박판에 경력이란 판돈을 걸고 야심 차게 뛰어들었지만, 주변의 사랑하는 이들까지 이곳으로 끌어들이고 싶어 하지는 않았다. 그러기엔 피아의 구분 없이 일해야 하는 혹독한 곳이었기 때문이다.

기대와 너무 다른 결과에 젊은 대표는 충격을 받았다. 전사 워크샵 행사에서 김 의장은 설문 결과를 공유하면서 직원들에게 직접 사과했다. 감정이 북받쳐 오르는 듯 눈물도 보였다. 치열한 성장의 후유증이었다. 급성장 속에 점차 소진돼 가는 직원들의 체력과 에너지를 열정과 의욕만으로 모두 떠받쳐 줄 수는 없다는 경고였다. 기업에는 문화가 필요했다. 하버드경영대학원 재학 시절 김 의장은 정치인이 아닌 기업인도 사회 행복에 기여할 수 있다는 크리스텐슨 교수의 강의에 감명해 창업가의 길로 뛰어들었다. '파괴적 혁신 이론'의 창시자인 하버드경영대학원의 크리스텐슨 교수는 기업 활동에서 비즈니스보다 문화가 훨씬 더 중요하다는 점을 강조했다. 설령 비즈니스가 사라져도 문화는 남는다. 그는 구성원 모두가 공유하는 변치 않는 강력한 비전만이 기업의 성패를 이끌 핵심적 요인이라고 봤다. 그 비전을 문화로 빚어내는 것이 실제 기업가들이 풀어야 할 숙제였다.

고객의 행복을 위해 존재하는 회사

모든 것이 정말로 회사 만족도에 대한 직원들의 충격적인 설문 결과 때문인지는 알 수 없지만, 어쨌든 이 만족도 조사 이후 쿠팡은 회사의 비전과 조직문화 정비에 보다 체계적인 노력을 기울였다. 김 의장은 크리스텐슨 교수의 강의를 바탕으로 '사회 행복에 기여하는 기업'이란 가치를 쿠팡 기업 활동의 핵심으로 삼았다. '사회 행복'이란 목표 자체는 자칫 추상적이고 모호할 수 있었다. 하지만 이를 구체화하면 결국 '고객의 행복'이자, '내부 직원의 행복'이었다. 고객과 직원의 행복을 바탕으로 전체 사회 행복에 기여하는 회사를 만들면 성장은 당연히 따라오게 될 것이었다.[15]

'CEO란 이름을 가진 예술가'로 평가받았던 미국 온라인 신발 판매 업체 자포스의 창업자 토니 셰이도 이 시기 쿠팡 조직문화 정비에 많은 영감을 줬다. 토니 셰이는 김범석 의장과 쿠팡이 꿈꿨던 '사회 행복에 기여하는 회사', '행복한 직원이 행복한 고객을 만드는 회사'란 핵심 가치를 직접 구체화해 나갔던 경영자였다. 자포스는 '고객이 만족하고 직원이 행복한 직장을 만들자'는 경영 철학으로 회사를 운영했다. 특히 행복한 직원들이 최상의 서비스를 만든다고 믿고 직원 복지에 파격적으로 투자했다. 직원들의 의료보험 초과 금액을 100% 지급했고 모든 직원을 정규직으로 고용했다. 업무 재량권을 대폭 주고 자기개발비 등도 지원했다.

쿠팡도 자포스처럼 직원들의 자발적 열정을 이끌어 내는 조직 문화 구축을 목표로 삼았다. 이를 위해 직원들의 복지 증진에 투자했다. 창업 3년 차 때 전 사원을 배우자와 가족까지 커버되는 단체보험에 가입시켰다. 배송 직원인 쿠팡맨(현 쿠팡친구)에게도 연차, 휴양시설, 실손보험 등의 복지를 제공했다. 당시 스타트업으로서는 흔치 않던 결정이었다.

다양한 사기 진작 프로그램도 만들었다. 대표가 직접 출근하는 직원들에게 풍선을 나눠주거나 박수 치며 격려해 주는 '굿모닝 쿠팡'(2012년)이나 각 본부별로 김범석 의장과 만나 비전을 공유하고 아이디어를 나누는 'CC데이'Coupang Communication Day 등도 운영했다. 물론 직원 만족도를 높이기 위한 이 모든 노력은 회사의 궁극적 목표인 '고객 행복'을 위한 밑거름이었다.

조직을 한 방향으로 이끄는 힘의 원천

현대 경영학의 창시자로 평가받는 피터 드러커는 "분명하게 정의된 미션과 조직 목적만이 명확하고 실질적인 사업 목표를 만들어 낼 수 있다"고 말한다. 파격적인 복지를 제공하거나 다채롭고 흥미로운 사내외 이벤트를 운영하는 기업은 쿠팡 외에도 많다. 하지만 그 모든 활동을 '고객 행복'이라는 분명하고 일관된 목표 아래서 집요하게 추구하는 기업은 생각만큼 많지 않다.

현재의 쿠팡을 설명해 주는 '와우 더 커스터머'WOW the customer 나 '쿠팡 없이 어떻게 살았을까?'How did I ever live without Coupang? 같은 슬로건은 기업 활동에 대한 이들의 미션이 초기부터 확고했기 때문에 나올 수 있었다.

쿠팡이 비슷한 시기 우후죽순 생겼던 다른 소셜커머스 업체들과 다른 점이 있었다면 이 시기부터 기업 활동의 근본 동기를 분명히 설정해 두고 모든 구성원과 공유하기 위해 노력했다는 점이었다.

이러한 핵심 원칙은 이후 로켓배송, 새벽배송과 같은 이 회사의 파괴적 혁신을 이끄는 가장 강력한 구심점이 됐을 뿐 아니라 비즈니스 모델의 급격한 전환과 비약적인 성장 가운데서도 수많은 직원을 한 방향을 향해 일사불란하게 움직이게 하는 동력이 돼줬다.

비즈니스의 세계에서 문화는 늘 과소평가돼 왔다. 하지만 쿠팡에서 비즈니스는 문화를 성취하기 위한 도구일 뿐이었다. 문화가 없으면 장기적인 성과도 없었다. 쿠팡에서 문화는 '제일 중요한 것'이 아니었다. 문화가 '전부'였다.

아마존이라면
뭘 팔았을까

소셜커머스에서 이커머스로의 진화

국내 소셜커머스 업체들은 창업 1년여 뒤인 2011년 무렵부터 '할인쿠폰 판매'라는 기존 형태를 점차 벗어나 쇼핑몰처럼 일반 상품도 판매하며 사업 영역을 확장하기 시작했다. 미용실이나 에스테틱, 음식점, 지역 축제 등의 할인쿠폰을 구하기 위해 소셜커머스를 이용했던 소비자들도 결국 쇼핑 탭에 올라온 일반 쇼핑 상품을 구매하는 것을 더 좋아했다. 상품을 올리면 올리는 족족 품절됐다.

쿠팡은 쇼핑 탭을 강화하면서 기존 유통업계의 상품기획자MD들을 대거 채용했다. 채용 속도가 너무 빨라서 회의실은 늘 만실이었고 사무실 책상이 부족해질 정도였다. 7명으로 시작했던 회사가 2011년에 100여 명으로 늘었고 2012년 초에는 700명 넘게 늘어났다.

쿠팡은 확실한 승기를 잡기 위해 김태희, 비 같은 빅 모델을 기용하고 TV 광고를 비롯한 마케팅에도 자금을 쏟아부었다. 가장 비싼 프라임 시간대 광고만을 집중 공략했다. 당대 최고 스타였던 김태희가 나오는 광고를 보면서 쿠팡 직원들은 '회사의 급'이 나날이 달라지고 있다는 사실을 새삼 실감했다. 2011년 쿠팡이 방문객을 유인하기 위해 인터넷 배너 광고에 쓴 돈은 삼성전자보다 많았다.[16]

외형적으로는 급격한 성장을 지속했지만, 이 무렵 쿠팡은 새로운 고민에 직면해 있었다. 소셜커머스가 결국은 모바일 기반의 이커머스라는 훨씬 넓은 시장을 향해 진화할 수밖에 없다는 건 당시 쿠팡뿐 아니라 모든 경쟁자도 다 알고 있는 사실이었기 때문이다. 쿠팡은 소셜커머스 업계 1위로 쇼핑 탭을 강화하며 오픈마켓 형태로 사업을 확장했고 2012년 5월부터는 흑자 전환에도 성공했지만 매출 성장률은 점차 둔화되고 있었다.

특히 소수 판매자에 대한 매출 의존도가 높았는데 이런 판매자들은 쿠팡뿐만 아니라 다른 오픈마켓과 소셜커머스에서도 똑같은 물건을 팔았다. 티몬이나 쿠팡이나 패션잡화, 생활, 식품 순으로 배송 상품의 카테고리별 매출 비중이 비슷했다. 쿠팡만의 차별화된 점이 없었다. 아무리 출혈 경쟁을 벌여도 언제든 경쟁에서 뒤처질 수 있다는 뜻이었다.

코스트코로 출근하라는 새로운 미션

돌파구가 필요한 시점, 쿠팡이 주목한 것은 코스트코 매출의 비밀이었다. 쿠팡의 초기 투자자인 알토스벤처스의 김한준 대표가 '쿠팡을 보면 코스트코가 떠오른다'고 조언했다. 김 의장을 비롯한 경영진은 코스트코와 관련된 다큐멘터리 등을 찾아보며 케이스 스터디를 시작했다.[17] 코스트코에서 가장 잘 팔리는 품목은 화장지였다. 고객들은 화장지를 사기 위해서 코스트코에 왔다가 평균 400달러(50만 원가량)을 지출하고 돌아갔다.

미국의 온라인 사이트인 다이퍼스닷컴의 경우도 코스트코와 비슷했다. 이 사이트는 기저귀를 팔았지만, 소비자들은 기저귀만 사지 않고 아기 장난감과 옷, 다른 유아용품을 함께 구매했다. 화장지나 기저귀처럼 꼭 필요한 소모품은 반복 구매와 플랫폼 충성도를 끌어냈다.

저렴한 값에 물건을 팔면서도 충성도 높은 고객들을 바탕으로 성장을 지속하는 코스트코 모델에 먼저 주목했던 기업은 사실 아마존이었다. 아마존의 창업자인 제프 베이조스는 사업 제안차 만났던 코스트코 설립자 짐 시네갈과의 대화를 통해 코스트코 모델의 핵심이 '고객의 충성도'이며 그 충성도는 좋은 물건을 엄청나게 싼 가격에 공급한다는 일관된 원칙에서 파생된다는 점을 배웠다. 처음에는 단가를 후려치는 코스트코에 반감을 품던 공급자들도, 결국 그들이 더 많은 제품을 판매해 주는 통로가 되며 납품 대금을 성실히 입금하는 좋은 파트너임을 인정하게 됐다.

코스트코는 상품을 트리거trigger와 트레저treasure로 구분했는데, 고객들은 마진을 거의 남기지 않고 저렴하게 판매하는 일상 용품(트리거)을 구하러 왔다가 파격 할인가에 나온 대형 텔레비전처럼 뜻하지 않게 발견한 트레저까지 구매하고 돌아갔다. 모험심을 자극하는 트레저 상품을 획득했다는 만족감은 연회비에 대한 부담감을 말끔히 상쇄시켰다. 소비자들은 설령 연회비를 내더라도 그게 남는 장사란 걸 알았다. 베이조스와 시네갈의 만남은 아마존의 중요한 전환이 됐다. 아마존은 일관된 저가 정책을 고수했고 이후 코스트코에서 참고한 연회비 제도인 '아마존 프라임' 모델을 구축했다.[18]

쿠팡 역시 코스트코의 사례에서 영감을 얻었다. 코스트코에는 치열해지는 이커머스 업계에서 경쟁 우위를 갖기 위해 그들이 참고해야 할 핵심적 요소들이 포진해 있었다. 영업 직군 직원들에게는 출근하기 전 무조건 코스트코에 들러서 어떤 상품이 전진 배치돼 있고, 어떤 상품이 새롭게 들어와 있는지 살펴보고 오라는 지시가 떨어졌다.

습관적 소비를 바꾸는 몇 가지 요인

이 무렵 한국의 이커머스 시장에는 신규로 진입한 티몬, 위메프 같은 동료 소셜커머스 업체들뿐 아니라 옥션, G마켓, 11번가 같은 기존 공룡들이 버티고 있었다. 경쟁사를 압도하는 한편 후발주자로서 확실한 차별화가 필요했던 쿠팡은 미국의 코스트코와 다이퍼스닷컴의 사례를 참고한 뒤 유아용품을 핵심 카테고리로 밀기로 결정했다.

이는 미국의 대형 할인점인 타깃이 썼던 전략이기도 했다. 타깃은 빅데이터 수집을 기반으로 습관적 소비 행태에 변화가 일어나는 중요한 시점들을 분석했다. 그 결과 취직, 결혼, 이사 등 중요한 사건들이 있을 때 급격한 변화가 일어난다는 것을 알게 됐다. 그중 가장 큰 변화는 출산이었다. 임신, 출산, 육아로 이어지는 과정에서 새롭게 자리 잡게 된 소비 패턴은 이후로도 지속될 확률이 높았다.

쿠팡은 다이퍼스닷컴 계열사인 소프닷컴의 유명 매니저를 직접 초청해 시장 가능성을 조사하는 한편,[19] 직원들에게는 타깃 고객인 젊은 여성들, 그중에서도 특히 5세 미만의 영유아를 둔 젊은 엄마들을 심층 인터뷰하게 했다. 쇼핑할 때 어떤 점이 가장 불편한지를 묻자 다양한 의견이 쏟아졌다.

"애가 항상 옆에 있기 때문에 핸드폰을 들고 결제하는 것조차 너무 불편해요."

"당장 생수나 분유가 떨어졌을 때, 아이 때문에 마트에 직접 나갈 수도 없고 난감해요."

모든 것이 한 방향을 가리키고 있었다. 쿠팡의 주력 소비층인 아기 엄마들을 위해서는 보다 획기적인 쇼핑의 패러다임 전환이 필요했다. 쿠팡은 코스트코나 다이퍼스닷컴처럼 전문몰을 따로 만들어 소비자들의 반복 구매와 충성을 이끌어 낼 유아용품을 직접 판매해 보기로 결정했다. 유통 업체가 물건을 직접 매입해 보관하는 사업 모델은 초기 비용이 많이 들어가지만 인프라가 구축되면 단순히 중개 수수료만 받는 것보다 더 큰 수익을 낼 수 있는 새로운 비즈니스 모델이었다.

아마존이라면 과연 뭘 팔았을까

1994년 창업한 아마존은 온라인 서점으로 출발해 세계에서 가장 큰 이커머스 업체로 성장했다. '세상 모든 것을 판다'는 아마존이지만, 설립 당시엔 책이라는 하나의 핵심 카테고리에 집중했다. 창업자 제프 베이조스는 당시 20개 정도의 품목을 놓고 사업성을 고민했는데 그중 책을 팔기로 한 이유는 명확했다. 실물을 보지 않고 온라인으로 주문해도 반품 가능성이 낮은 제품이었고, 상품 숫자가 많은 데다 재고 관리, 유통, 중개가 가장 쉬웠다. 당시로선 온라인 판매에 최적화된 카테고리가 책이었던 것이다.

이 무렵 김 의장은 직원들 앞에서 "만약 아마존이 지금 생겼다면 무엇을 팔았을까?"라는 질문을 자주 던졌다. 쿠팡은 타깃 고객층의 라이프 스타일과 코스트코, 다이퍼스닷컴 같은 해외 베스트 프랙티스BP(모범 경영 사례)를 분석했고 기저귀가 바로 아마존의 '책'과 같은 제품이란 결론을 냈다. 기저귀는 타깃 고객인 30대 초중반 고객들의 반복 구매와 충성도를 이끌어 낼 품목이었고, 부피와 무게 때문에 직접 가서 사는 것보다 온라인으로 구매하는 것이 더 편리했다. 장기적으로는 이 고객들의 충성도가 자연스럽게 그다음 세대로도 이어질 것이었다.

이 결정은 곧 시작될 유통업계 '기저귀 전쟁'의 서막이자 쿠팡을 향해 쏟아진 '기저귀와 생수나 팔다 망할 회사'라는 조롱의 빌미가 됐다. 하지만 쿠팡이 기저귀를 택한 이유는 생각보다 더 심오하고 야심 찼다. 놀랍게도 이 스타트업은 이미 이때부터 한국의 아마존이 되길 꿈꿨던 것이다.

2013년 6월, 쿠팡은 파주 출판 도시(문발동) 인근에 새로운 물류센터(1만 1000㎡)를 구축하고 1000개가 넘는 유아동 상품을 직접 구입해 보유하는 유아용품 전문몰 '베이비팡'(이후 종합몰 '와클'로 명칭 변경)을 런칭했다. 고객 인터뷰 당시 나온 의견을 바탕으로 업계 최초로 서울 지역 오전 주문에 한해 당일배송을 목표로 했다. 쿠팡은 이를 통해 경쟁사 고객들의 습관적 쇼핑에 균열을 내는 한편, 단순히 판매 중개를 넘어 배송 지연 보상이나 무료

반품 등 배송과 관련된 요소까지 보다 광범위하게 컨트롤할 수 있는 첫 발판을 만들었다. 곧 배송과 관련한 예기치 않은 문제들이 불거지기 시작했지만 말이다.

아무튼, 고객

2
목적지

한 곳만
본다

쿠팡 역시 소비자들의 진짜 동기를 파악한 뒤에 로켓배송을 만들 수 있었다. 단지 '배송은 택배사에 문의하라'는 답변을 반복하는 온라인 쇼핑몰과 수십 번 전화해도 통화 연결음만 나는 택배사, 한참 뒤에 찌그러진 상태로 도착하는 택배 상자가 너무 당연한 일상이었기 때문에 고객들조차 미처 깨닫지 못하고 있었을 뿐이었다. 로켓배송이 등장한 뒤에야 알게 됐다. 그들이 원했던 건 빠르고 정확한 배송이었다.

역사는 콜센터에서
시작됐다

가분수 콜센터가 필요했던 이유

2013년 9월, 서울 구로구 독산동 쿠팡 콜센터로 분홍색 셔츠에 아이보리 면바지를 입은 남성이 들어섰다. 대부분이 20~30대 여성들인 콜센터에서 보기 드문 젊은 남성이었다. 그는 늘 앉는 자리로 가 여느 상담원들처럼 배송, 반품, 교환과 관련된 고객들의 문의 전화를 받고 상담했다. 하지만 다들 그의 존재를 의식할 수밖에 없었다. 쿠팡의 창업자 김범석 의장이었기 때문이다.[1] 모르는 건 어디든 직접 가서 알아내야 직성이 풀리는 김 의장은 이 무렵 3개월에 걸쳐 콜센터에 집중적으로 출몰했다. 고객들의 불만을 생생하게 청취하기 위해서였다.

이 일화는 쿠팡이 콜센터에 얼마나 집착했는지를 확인할 수 있는 단편적인 사례에 불과하다. 소셜커머스로 창업했던 초창기부터 쿠팡은 일반적인 국내 기업과 다른 몇 가지 행보를 보였는데 그중 대표적인 것이 마케팅 비용 못지않게 콜센터 정비에 엄청난 돈을 쏟아부었다는 점이었다. 쿠팡은 창업 1년 차인 2011년, 이미 주말과 공휴일에도 쉬지 않는 연중무휴 콜센터를 열고 100명의 상담사를 고용했다. 고객 입장에서 문제가 생겼을 때 전화가 안 되는 것만큼 답답한 일이 없다는 판단에서 내린 결정이었다. 당시 경쟁사였던 티몬의 고객서비스 담당자가 불과 10여 명 안팎이었던 것을 감안하면[2] 기업 규모에 비해 조롱받을 수준의 가분수 콜센터라고 할 만했다.

쿠팡은 소비자 리뷰를 통해 쿠팡의 소비자들이 특히 전화로 많은 문의를 한다는 사실을 알아챘다. 고객의 욕구와 필요에 집중하기 위해 콜센터 인원을 매년 2~3배씩 늘렸다. 규모를 키워야 할 때 콜센터같이 '돈 잡아먹는 곳'에 투자한다는 안팎의 비판이 거셌지만 고객센터를 계속해서 강화하며 힘을 실어줬다. 2012년엔 콜센터 인원만 300명에 달했는데 당시 쿠팡 전체 직원의 절반에 가까운 인원이었다.

● 티몬은 2011년 11월 기존 6명뿐이던 고객 상담 직원의 업무가 누적되자 10명을 더 충원했다.

콜센터의 대대적 확충은 고객 감동을 의사결정 최우선 기준으로 삼는 쿠팡의 독특한 조직문화인 '와우 더 커스터머'와 밀접하게 연관된다. 쿠팡은 2012년 '365일 열린 고객센터' 운영 등을 골자로 한 고객 만족 프로젝트를 발표하면서 향후 회사의 핵심 가치가 될 '와우'란 표현을 공식적으로 쓰기 시작했다.

로켓배송은 왜 콜센터에서 시작됐나

김 의장이 유독 이 무렵 독산동 콜센터를 수시로 찾았던 데는 중요한 이유가 있었다. 당시 쿠팡은 코스트코와 다이퍼스닷컴의 사례를 벤치마킹한 후 '베이비팡'이란 전문몰을 런칭하고, 유아동 상품을 익일배송하며 소셜커머스의 다음 단계로 진화하기 위해 사력을 다하고 있었다. 이 단계로의 전환이 성공적으로 이뤄져야 아마존 같은 이커머스 업체로 탈바꿈하는 것이 가능했다. 그런데 자꾸 배송에서 탈이 났다. 고객들이 콜센터로 전화해 토로하는 내용의 상당수 역시 배송이 제대로 안 된다는 컴플레인이었다. 영유아를 둔 엄마들의 마음을 사로잡기 위해 전문몰까지 새로 만들고 빠른 배송을 약속했지만, 꼭 필요해서 주문한 분유나 생수가 제때 도착하지 않았을 때 고객들이 느끼는 분노는 훨씬 컸다.

쿠팡은 베이비팡을 런칭하면서 동부택배와 전담 계약을 맺었다. 단가를 낮출 수 있는 충분한 협상력이 있었지만 택배 요금이 건당 1700원이던 당시 두 배 넘는 3500원을 주고 일부러 비싸게 계약했다. 고객들에게 약속한 '완벽한 익일배송'(서울 지역에 한해 당일배송)을 구현하기 위해서였다. 전체의 99% 수준으로는 제때 배송이 이뤄졌다. 하지만 당초 신신당부했던 완벽한 익일배송은 잘 지켜지지 않았다. 택배 배송 기사들은 지입 차량을 운전하는 자영업자들이었기 때문에 본사의 중앙집권식 통제가 어려웠다. 개인 사업자들인 기사들을 일일이 통제할 수 없었고 배송 과정에서 생기는 변수 역시 많았다.

상품이 제때 도착하지 않아 실시간 댓글 코너에 거센 항의가 달리면 말단 직원부터 대표까지 회사 전체에 비상이 걸렸다. 영업소로 달려 가보면 박스만 나뒹굴고 배송해야 할 사람은 사라져 있었다. 수소문해 보면 택배기사가 이미 다른 택배 회사로 옮겨가 있는 경우도 있었다. 결국 직원들은 저녁 6시가 넘어서도 상품이 제대로 발송되지 못할 것 같으면 배송해야 할 곳이 인천, 파주, 수원 그 어디든 전부 퀵서비스로 쏴서 보냈다.

택배 회사 입장에서 익일배송을 99% 이상 달성한다는 것은 상당한 성과였다. 하지만 쿠팡에서는 아니었다. 쿠팡에서는 실패한 1% 미만 때문에 회사가 매번 뒤집어졌다. 쿠팡에서 99%는 100%가 아니었다. 아무리 100%에 근접해도, 100%가 아니라면 고객과의 약속을 지키지 못한 '실패한 서비스'일 뿐이었다. 결국

99%의 달성률은 계약 해지의 사유가 됐다.

김 의장은 친절하면서도 신속한 물류망의 필요성을 절감했다. 고객 경험의 끝단인 '라스트 마일'(배송의 최종 단계)을 제대로 관리해야만 고객 경험을 극대화할 수 있었다. 그런 놀라운 만족감은 소비자들을 쿠팡에 계속 붙들어 두고 종국에는 쿠팡 없는 세상을 상상할 수 없게끔 만들 것이었다. 하지만 국내 택배 회사들에 외주를 줘서는 이루기 어려운 목표였다. 미국의 UPS나 페덱스처럼 전국 단위로 구축된 신속하고 안정적인 물류망을 이용할 수 있는 아마존이 부러웠지만 한국에서는 불가능했다. 그때 그는 한 가지 미친* 생각에 도달했다.

'만약 그런 서비스가 없으면, 우리가 만들면 되지 않을까?'

혁신이 제약에서 시작되는 이유

쿠팡의 가장 획기적인 혁신으로 꼽히는 '로켓배송'이 고객들의 항의가 빗발치는 콜센터에서 출발했다는 사실은 주목할 만한 부분이다. 필요가 발명의 어머니인 것처럼, 제약은 혁신의 어머니가 된다는 사실을 매우 분명하게 일러주고 있기 때문이다.[3]

• '미쳤다'는 것은 이 결정에 대해 상당수의 투자자, 전문가들이 공통적으로 묘사하는 표현이다.

미국 경제사학자 마크 레빈슨은 『더 박스』에서 혁신은 세상에 없던 대단한 발명이나 창조가 아니라고 말했다. 중요한 건 고객에게 '실제로 중요한' 변화를 만들어 내는 것이다. 선박 회사를 운영하던 말콤 맥린은 사람들은 자신이 주문한 물건이 기차로 오든 배로 오든 얼마나 멋지고 큰 차에 실려 오든 아무 관심이 없었다는 걸 간파했다. 고객에게 실제로 중요한 건 필요한 물건이 원하는 시점에 정확하고 안전히 도착하는 것이었다. 당시 해상 및 육로 운송 업체들은 규격과 방식이 제각각인 운송로를 통해 경쟁하고 있었다. 하지만 고객의 진짜 필요를 꿰뚫어 본 맥린은 효과적인 배송을 위해 육·해상을 통합할 수 있는 컨테이너 규격화를 주도했고 결과적으로 해운 산업을 부흥시켰다.

쿠팡도 비슷했다. 쿠팡은 '고객 행복'이란 미션을 위해 고객의 불만 사항을 청취하고 문제를 해결해 줄 콜센터 정비에 집중했고 고객의 문제와 감동이 모두 배송에서 온다는 걸 일찌감치 알게 됐다. 콜센터에 재량권을 상당히 부여했던 초창기 쿠팡 콜센터의 한 직원은 해외 출장 때 필요한 신발을 제때 배송받지 못했다는 고객의 컴플레인을 듣고 직접 신발을 공수해 고객에게 출국 직전에 증정한 경우도 있었다. 해당 고객은 고객 게시판에 '다시 경험할 수 없을 최고의 감동'이라는 후기를 남겼다. 이 일화가 쿠팡이 공식적으로 밝히고 있는 로켓배송의 시초다. 쿠팡은 배송이 고객에게 얼마나 중요한지를 고객의 음성을 통해 간파했고 그 발견에 집착했다. 그 집착의 결과는 배송 체계 개편과 그것을 뒷받침해 주는 기술 개발로 순차적으로 확장됐다.

라스트 마일 정복이라는 새로운 꿈

조 단위로 쌓인 누적 적자가 지속됐던 탓에 상장 이전까지 쿠 팡은 창립 이래 단 한 번도 흑자를 낸 적이 없는 적자 기업으로 간주돼 왔지만, 통념과는 달리 딱 한 번 흑자를 낸 적이 있었다.

로켓배송을 실시하기 전인 2012년, 쿠팡은 연간 기준 업계 최 초로 16억 원(총 거래액 8000억 원) 흑자를 냈다. 기존 사업 모델 을 유지했다면 흑자 기조를 유지하면서 안정적인 성장을 할 수 있었다. 하지만 바로 그 시점에서 쿠팡은 외주 택배사와의 계약 을 해지하고 지금까지 존재한 적 없던 완전히 새로운 배송을 시 도해 보기로 결정했다. 누적 적자의 깊은 늪에 자발적으로 걸어 들어간 것이다.

라스트 마일이 중요하다는 사실 역시 당시 쿠팡만 알던 획기 적인 비밀이었던 건 아니었다. 하지만 그걸 실행에 옮긴 건 쿠팡 뿐이었다. 다른 유통 업체들은 막대한 비용 때문에 라스트 마일 을 유통 업체가 직접 관할하는 것은 불가능하다고 여겼다. 아마 존조차도 대부분의 물류를 외주화하고 있을 때였기 때문에 판매 부터 배송까지 전 과정을 직접 책임지겠다는 쿠팡의 도전은 승산

이 없어 보였다.

쿠팡이 이런 무모한 모험을 단행할 수 있었던 건 고객에 대한 장기적 투자가 회사의 운명을 좌우할 것이란 확신이 있었기 때문이었다. 진짜 혁신이 오는 길은 어쩌면 의외로 단순하다. 그것을 뻔한 클리셰 정도로 치부하지 않는다면 말이다.

고객이 몰랐던
결정적 한 가지

고객은 왜 상반된 이야기를 했을까

로켓배송은 고객의 불만과 불평을 대충 지나치지 않은 데서
시작됐다. 쿠팡의 가분수 고객센터에 가장 많이 들어오는 질문은
"배송 언제 오나요?"였다. 컴플레인 역시 배송 과정에서 물건이
파손됐다거나, 배송이 지연되고 있다는 항의, 혹은 배송 기사가
불친절하거나 무섭다는 등 배송과 관련된 내용이 가장 많았다.
배송이 고객의 가장 큰 페인 포인트pain point란 점이 확실했다.
이 점은 3개월간 콜센터로 출퇴근했던 김 의장도 직접 경험했던
것이었다.

하지만 고객의 목소리를 반영해 지금까지 존재하지 않았던 새

로운 배송 서비스를 내놓으려는 찰나, 쿠팡은 중요한 딜레마에 봉착했다. 투자자나 시장의 회의적 반응, 혹은 내부 구성원들의 반발 때문이 아니었다. 놀랍게도 그들이 그렇게 집착했던 고객들이 지금까지 관찰해 온 것과는 완전히 다른 말을 하고 있었기 때문이었다.

쿠팡은 대부분의 기업처럼 사용자 테스트의 일환으로 설문조사를 수시로 진행했는데, '빠르고 친절한 익일배송을 보장할 경우 쿠팡을 더 많이 이용할 것이냐'는 질문을 해보면 뜻밖에도 대부분이 아니라고 응답했다. 고객들은 빠른 배송보다는 차라리 저렴한 가격을 더 선호한다고 응답했다. 배송 같은 건 그들의 중요한 관심사에 들지도 않았다. 고객센터에 접수되는 불만과는 정반대의 결과였다.

같은 고객들이 완전히 상반된 이야기를 하고 있었다. 이 모순적인 양상은 어쩌면 고객들조차 그들의 진짜 욕구를 제대로 인지하지 못하고 있을 수 있음을 의미했다. 쿠팡이 추진하려고 하는 빠르고 친절한 배송이 정말 효과가 있을지 검증해 볼 필요가 있었다. 전에 없던 실험을 무작정 밀어붙이기 전, 어떤 목소리를 믿어야 할지 먼저 알아내야 했다.

A/B 테스트로 검증한 결과

2013년 말, 쿠팡은 비슷한 조건의 아파트 단지 두 곳을 대상으로 A/B 테스트를 실시했다. A/B 테스트는 도입하려는 서비스가 실제로 효과적인지 여부를 기존 서비스 사용자(A군)와 새로운 서비스 사용자인 대조군(B군) 데이터를 비교함으로써 검증해 보는 방식이다.

쿠팡은 불확실한 추론이나 가정에 의존해서 중요한 의사결정을 내리지 않기 위해 초창기부터 이렇게 실증적인 A/B 테스트 문화를 구축했다. A/B 테스트를 활용할 경우 서비스를 변경하거나 새로운 시도를 할 때 실제로 사용자들이 무엇을 더 선호하는지를 수치로 확인해 합리적으로 결정할 수 있었다. 아마존이나 부킹닷컴 등 유수한 해외 기업들 역시 A/B 테스트를 일상적으로 수행한다.

위계 서열 문화가 강한 데다 데이터 분석의 중요성에 대한 인식이 더디었던 한국에서 A/B 테스트를 상용화한 사례는 당시만 해도 찾아보기 어려웠다. 하지만 쿠팡은 선도적으로 A/B 테스트를 도입했다. 새로운 서비스를 내놓을 때면 의사결정권자의 직관이나 추론에 의존해 밀어붙이는 대신 반드시 숫자를 통해 검증했다. A/B 테스트는 '당연히 이런 결과가 나올 것'이라는 가정을 무참히 깨는 경우도 많았다. 뜻밖의 데이터 앞에서는 임원부터 말단 직원에 이르기까지 '시장을 안다는 착각'을 내려놓고 겸손해질 수밖에 없었다.

쿠팡은 A/B 테스트에서 A군의 경우 기존과 동일한 택배 서비스를 유지했다. 반면 B군에는 쿠팡 직원들이 직접 나가 상품을 깍듯하고 친절하게 배송했다. 고객들의 반응은 뜨거웠다. 직원이 직접 상품을 갖다줬다는 사실에 감동하는 고객들도 있었고, 약속된 기한 안에 선물처럼 안전하게 제품을 전달받는 데 대해 큰 만족감을 보이는 이들도 있었다. A/B 테스트 결과 B군 고객들의 재구매율은 원래 예상했던 것보다도 훨씬 높았다. 친절하고 빠른 직접 배송의 가능성이 데이터로 증명된 것이었다.

절대 몰라서는 안 될 '밀크셰이크 이야기'

하버드경영대학원 클레이튼 크리스텐슨 교수가 하버드비즈니스리뷰HBR에 소개한 밀크셰이크 이야기는 쿠팡 내에서는 '절대 몰라서는 안 되는 이야기'로 통한다. 이 이야기가 쿠팡이 고객 음성에 섞인 혼란스러운 노이즈를 걷어내고 로켓배송이란 혁신을 만들어 낸 비결과 일맥상통하기 때문이다.

어느 패스트푸드점이 밀크셰이크 매출을 높이기 위해 방대한 데이터 분석과 고객 설문조사 등을 거쳐 신제품을 내놨다. 하지만 매출이 전혀 늘지 않았다. 이들은 그 이유를 알기 위해 컨설턴트를 고용했다. 컨설턴트는 18시간 동안 매장에 머물면서 고객들이 주로 몇 시에, 어떤 차림으로 와서, 어떤 형태로 밀크셰이크를 사서 가는지를 면밀히 기록했다. 그 결과 오전 6~8시 반 출근길에 밀크셰이크를 포장해 가는 이들이 많다는 걸 알게 됐다.

컨설턴트는 오전 일찍 밀크셰이크를 사가는 구매자들을 인터뷰했고 이들 대부분이 러시아워의 지루한 출근길을 운전하며 아침 대용으로 밀크셰이크를 먹는 직장인들이란 사실을 알게 됐다. 운전하는 동안 빵이나 바나나 같은 다른 음식을 섭취하기는 힘들지만 밀크셰이크는 한 손으로 먹기 용이했고 음료처럼 묽지 않은 묵직한 질감 덕에 회사에 도착할 때까지 지루하지 않게 즐길 수 있었기 때문이다. 이들의 비중은 전체 밀크셰이크 소비자의 40%에 달했다.

고객들은 설문에 응할 때마다 그들이 원하는 맛, 향, 질감에 대해 잘 안다고 생각했지만 사실은 그렇지 않았다. 패스트푸드점은 고객 설문 대신 컨설턴트의 분석을 바탕으로 출근길 아침 대용으로 즐기기에 적합한 형태의 제품을 만들도록 제안했고 결과는 매출 상승으로 이어졌다. 무엇보다 밀크셰이크가 디저트가 아니라 아침 대용식에 포함될 경우 시장 규모는 기존 추정보다 7배나 커질 수 있었다. 고객의 동기를 정확히 파악하는 것만으로 매출 상승은 물론 새로운 시장까지 창출해 낸 것이었다.

고객 목소리의 숨겨진 함정

밀크셰이크 이야기는 고객의 진짜 동기와 욕구needs를 이해하는 일이 얼마나 중요한지에 대한 중요한 인사이트를 준다. 고객의 필요를 정확히 간파하고 그것을 충족시킨다면, 매출 상승은 물론 새로운 시장까지 만들어 낼 수 있기 때문이다.

이는 크리스텐슨 교수의 '파괴적 혁신 이론'과도 일맥상통한다. 크리스텐슨 교수는 혁신을 존속적 혁신sustaining innovation과 파괴적 혁신disruptive innovation 두 가지로 구분했다. 존속적 혁신이 기존 고객의 목소리와 요구에 집중해 원래 있던 제품을 고급화 및 고도화하는 것이라면, 파괴적 혁신은 새로운 고객과 숨겨진 고객을 발굴해 내 틈새 시장을 공략하는 혁신이었다.

이때 주의할 점은 기존 소비자의 의견에 지나치게 의존해서는 '파괴적 혁신'을 만들어 낼 수 없다는 점이다. 고객은 혁신을 리드할 수 없었다. 고객은 그들이 원하는 게 뭔지 정확히 알 수 없었다. 그들이 진짜 원하는 상품이 개발됐던 적이 없었기 때문이다. 패스트푸드점의 사례에서 보듯이 고객 설문조사를 아무리 진행해도 그들은 어떤 밀크셰이크를 원하는지 정확히 설명하지 못했다. 쿠팡 역시 빠른 배송보다 저렴한 가격이 낫다는 기존 소비자들의 말에 의존했다면 로켓배송과 같은 혁신을 만들어 낼 수 없었을 것이다.

우주 특수 볼펜과 로켓배송의 관계

경영학 분야에서 전해져 내려오는 오래된 농담 중 우주 특수 볼펜에 대한 이야기가 있다. 미국과 러시아의 우주개발 경쟁이 치열하던 당시 미항공우주국NASA은 우주선에서 쓸 볼펜을 개발하기 위해서 엄청난 비용을 투자해 특수 볼펜을 개발했다. 무중력 공간에서 잉크가 흘러내리도록 최첨단 기술을 적용해 설계된 것이었다. 그렇다면 소련 우주비행사는 어땠을까? 그들은 그냥 연필로 썼다.

우주 볼펜 이야기는 이 무렵 쿠팡 내에서 밀크셰이크 이야기만큼이나 유명했다. 고객의 진짜 동기를 파악하는 일이 이 회사에서 새로운 업무를 시작할 때 가장 중요한 기준이 됐기 때문이다. '왜?'라는 질문을 던지지 않고 공급자 중심적인 목표에만 집착하면, 이 일화 속의 특수 볼펜처럼 고객의 실제 필요와는 전혀 상관없는 엉뚱한 일을 벌이게 될 위험이 컸다. 기존 제품의 기능을 고도화시켜 더 값비싼 제품을 내놓는 존속적 혁신만 거듭해서는 아직 발견되지 않은 고객의 진짜 필요를 찾아낼 수 없었다.

컨설팅을 의뢰했던 패스트푸드점이 밀크셰이크를 사가는 이들의 진짜 동기를 이해하고 나서야 그들에게 맞는 제품을 만들 수 있었던 것처럼 쿠팡 역시 소비자들의 진짜 동기를 파악한 뒤에 로켓배송을 만들 수 있었다. 기저귀와 분유가 바닥난 엄마들은 그것이 예상된 시간에 신속하고 안전하게 오기를 원하고 있었다. 단지 '배송은 택배사에 문의하라'는 답변을 반복하는 온라인 쇼핑몰과 수십 번 전화해도 통화 연결음만 나는 택배사, 한참 뒤에 찌그러진 상태로 도착하는 택배 상자가 너무 당연한 일상이었기 때문에 미처 깨닫지 못하고 있었을 뿐이었다. 로켓배송이 등장한 뒤에야 알게 됐다. 그들이 원했던 건 빠르고 정확한 배송이었다. 로켓배송이 그들이 바랐던 혁신이었다.

목적지

오아시스
배송특공대

'꿈의 배송'을 담은 두 장짜리 기획안

로켓배송의 가능성에 대한 확신을 숫자로 검증한 뒤 쿠팡은
무서운 속도로 일을 추진하기 시작했다. 유아용품 전문몰로 출발
했으나 별 효과를 보지 못했던 사이트 '베이비팡'●을 1년도 안 돼
신속하게 접고 쿠팡 사이트 내 유아동 카테고리에 합쳤다. 외주
택배사를 통해 실험적으로 진행한 당일배송 서비스도 중단했다.
그리고 그 상품을 쿠팡이 직접 익일배송 하기로 결정했다. A/B

● 쿠팡은 2013년 6월 육아 전문 쇼핑몰 '베이비팡'을 런칭하고, 9월에 온라인 쇼핑몰
  인 '와클'로 확장시켰다. 하지만 실적은 계속 신통치 못했고 결국 다음 해 3월 서비
  스를 종료했다.

테스트를 마친 쿠팡은 불과 두 장짜리 문서로 이 중차대한 일의 밑그림을 끝냈다. 그동안 외주 택배사의 배송 사고나 비위생적으로 관리되는 택배 영업소를 돌아다니며 느꼈던 모든 단점을 보완한 '꿈의 배송'에 대한 기획안이었다.

기획안에는 쿠팡 로고가 쓰인 전용 차량이 있고, 직원들은 머리끝부터 발끝까지 통일된 복장을 착용하며, 고객에게 택배뿐 아니라 꽃과 사탕 그리고 진심까지 전달하겠다는 한편의 동화 같은 내용이 담겼다. 이틀 만에 완성된 두 장짜리 기획안은 보고하자마자 통과됐고 바로 전담 팀을 꾸리라는 지시가 떨어졌다. 주어진 데드라인은 불과 한 달여였다.

트럭 쇼핑하러 나온 앳된 직원들

2014년 2월 쿠팡 프로젝트룸에 물류나 택배에 대해서 아무런 지식이 없는 평균 연령 20대 중반의 직원들이 모였다. 로켓배송을 선보이기로 결정한 뒤 주말 이틀 사이 급하게 꾸려진 팀이었다. 팀 이름은 '오아시스'로 정했다. 사막 속에서 만난 오아시스처럼 고객들에게 휴식과 파라다이스가 돼주는 배송 서비스를 만들어 내자는 취지에서였다. 하지만 이들은 물류에 대해 아는 게 없었다. 전에 없던 멋진 배송을 창조해 내겠다는 근사한 비전만 공유하고 있을 뿐이었다. 불과 40일 안에 그 비전을 실제 배송으로 구체화해야 했다.

성장을 멈추는 것이 곧 자멸인 이커머스 스타트업 업계에서 제일 비싼 건 돈이 아니라 시간이었다. 쿠팡 사람들은 '배가 에베레스트로 갈지라도 최대한 빨리 가자'고 말했다. 모두가 합심해서 한 방향으로 나아갔다면, 설령 잘못돼도 빨리 되돌아갈 수 있다고 믿었기 때문이다. '빨리 실패하라'Fail fast란 실리콘밸리의 유명 경구는 쿠팡의 핵심 가치 중 하나였다. 쿠팡도 실패는 싫어했지만, 그런 실패는 실패가 아니었다.

이들은 머리를 맞대고 무엇을 가장 먼저 해야 할지 고민했고 곧 첫 번째 임무를 실행에 옮겼다. 서울 강남구 삼성동 인근의 현대 기아차 대리점 문을 열고 20대 후반의 젊은 여성들이 들어섰다. 한 번도 차를 사본 적 없어 보이는 앳된 여성들이 실내를 두리번거렸다. 구경하러 왔다고 여기고 응대도 하지 않는 영업사원들에게 이들이 먼저 다가가 질문했다.

"여기 혹시 1톤 트럭은 없나요? 한 달 안에 100대, 연말까지 1000대가 필요한데⋯."

심드렁하던 영업사원들의 표정이 완전히 달라진 건 그때부터였다. 본사 임원이 바로 출동해야 할 대형 계약이었다. 지점에 있던 모든 직원이 그제야 이들에게 달려들었다. 하지만 정작 그런 대규모 계약을 하기 위해 쿠팡 직원들이 그곳을 찾은 이유는 당시 쿠팡 사무실에서 가장 가까운 대리점이었다는 사실 외에는 없었다. 다음 날부터 매일 차량 출고 일정을 놓고 미팅이 열렸다.
쿠팡은 맨땅에 헤딩하듯이 그렇게 새로운 배송 서비스의 첫발을
떼기 시작했다.

40일 간의 로켓배송 구축 대모험

오아시스 팀원들은 '꿈의 택배'를 구축하기 위해서 기존 택배
의 문제점을 먼저 살펴봤다. 택배를 부정적으로 인식하게 하는
요소는 '더럽다. 찌그러져 있다. 불친절하다. 언제 올지 모른다.
지연된다. 대표번호로 아무리 전화해도 절대로 연결되지 않는다'
등이었다.

반면 택배에는 긍정적인 이미지도 있었다. 가장 주목할 만한
건 택배에 선물 같은 이미지가 있다는 점이었다. 택배가 도착하
면 소비자들은 마치 선물을 받은 것처럼 기뻐하고 반가워했다.
이들은 택배의 부정적 요소는 가급적 모두 제거하고 긍정적 요소
는 강화하기로 했다.

그러기 위해서 필요한 것은 세련된 로고로 래핑된 자체 보유
차량 외에도 많았다. 깔끔한 유니폼, 새로운 택배에 대한 쿠팡의
비전을 공유한 정규직 배송 직원, 배송 물품을 분류할 부지 등이
있어야 했다. 전국 지도를 그려놓고 그중 몇 곳에 캠프를 구축하
고 배송 직원을 얼마나 뽑을지 계획했다. 배송 차량이 매달 50~

100대씩 들어왔고 사람도 계속 채용했다. 서울과 경기 지역은 이미 경쟁이 치열하고 적당한 부지를 찾기도 어려웠기에 지방 5대 광역시에서 먼저 서비스를 시작했다. 2014년 3월 24일, 대구와 대전, 울산에서 첫 로켓배송이 시작됐다.

채용 인터뷰에서도 가장 중요한 점은 쿠팡이 시작할 새로운 배송과의 동기화 여부였다. 배송 직원을 뽑으면서 "지금까지 받은 선물 중 가장 감동적인 선물이 무엇이었나", "배송하는 택배를 선물로 느끼게 하기 위해 무엇을 하면 좋을까?" 같은 질문을 했다. 쿠팡의 배송에서 제일 중요한 점은 고객들이 그것을 선물받는 것처럼 느끼게 하는 일이었기 때문이다. 배송과 관련한 모든 결정이 그것을 기준으로 이뤄졌다. 이때부터 쿠팡에서 배송 박스를 기프트gift라고 부르는 문화가 자리 잡았다.

불가능한 꿈을 꾸는 리얼리스트들

이 무렵 쿠팡 직원들은 사무실 책상 위에 올라가 확성기로 열변을 토하는 김범석 의장의 모습을 자주 목격했다. 직원 수가 늘어 모두 한 자리에 모아놓고 말하기 어려워지자 대표가 직접 부서마다 찾아다니면서 회사의 비전에 대해 이야기하기 시작한 것이었다. 그는 원래도 우렁찬 목소리를 가졌지만, 책상에 올라가서 확성기까지 썼기 때문에 다들 쳐다보지 않을래야 않을 수가 없었다.

그는 이때부터 로켓배송을 통해 고객들로부터 "쿠팡 없는 세상에서 어떻게 살았을까?"라는 말이 나오게 하겠다고 공언했다. 대표의 그런 말은 아무리 긍정적인 사람이 들어도 허무맹랑한 구석이 있었다. 대부분의 사람이 쿠팡과 아무 상관없이 살고 있을 때였기 때문이다. 그때 쿠팡은 고작 단 하나의 물류센터를 갖고 있을 뿐이었다. 젊은 직원들끼리 아무 대리점이나 찾아가 '포터 스무 대 살 수 있어요?'라고 천진하게 물으며 차량을 계약해 오는 수준이었다. 그들은 급성장 중이었지만, 여전히 스타트업에 불과했다. 사람들은 쿠팡과 티몬, 위메프를 구분하지 못했다. 언론 속에 비치는 쿠팡은 도토리 키 재기 하느라 제 살 깎아 먹는 소셜커머스 업체일 뿐이었다. 선물 같은 택배로 고객들의 마음을 사로잡고 쿠팡 없이 돌아가지 않는 세상을 만들겠다는 그의 야심 찬 꿈은 비록 환상적이긴 했지만, 정말 환상에 불과한 것처럼 보였다.

하지만 조직 최고 결정권자가 반복적으로 설파하는 분명한 비전에는 신비로운 힘이 있었다. 강력한 긍정의 플라시보 효과가 조직 내에 주기적으로 전파되면서 쿠팡이 꿈꾸는 미래에 대해 회의적이었던 직원들조차 '어쩌면 정말…' 하고 기대감을 품게 됐기 때문이다. 생텍쥐페리는 "만약 배를 만들게 하고 싶다면 무한히 넓은 바다에 대한 동경을 보여주라"고 말했다. 김 의장의 전략이 이와 비슷했다. 그는 달랑 하나뿐인 물류창고가 아니라, 앞으로 그들이 항해할 바다를 향해 시선을 고정하게 했고, 무한히 넓은 바다에 대한 동경을 끊임없이 심어줬다. 리더의 중장기적 비전 공유가 실제 조직의 성과로 이어진다는 사실은 리더십에 관한 많은 연구를 통해 입증돼 왔다. 조직의 사기를 고취시키기 위해 구성원들에게 영감, 사명감과 지적 자극을 열정적으로 심어주는 리더의 행동은 조직원의 심리 · 행동 변화뿐 아니라 재무적 성과로도 이어졌다. 쿠팡 역시 그랬다.

아마존 모델로의 진화 시작

쿠팡은 2014년 2월 파주시 봉암리에 연면적 4700여 평(1만 5500㎡)의 물류센터를 임대했다. 문발동에 있던 기존 물류센터 이후 확보한 두 번째 대규모 물류센터였다. 두 번째 물류 거점을 확보한 것은 쿠팡이 앞으로 배송을 통해 승부수를 띄울 것임을 확실히 하는 행보였다. 로켓배송의 가능성을 반신반의하던 직원들도 한 달여 후 두 번째 물류센터가 실제로 가동되면서 생각이 달라졌다. 물류센터가 하나에서 두 곳으로 늘어났다는 사실은 단순히 새로운 물류센터가 한 곳 더 추가됐다는 것 이상의 의미가 있었다. 그들의 젊은 대표가 열변을 토했던 것처럼, 실제로 앞으로 물류창고가 열 곳, 백 곳, 그 이상으로도 얼마든지 늘어날 수 있는 구조를 확립했다는 의미였다. 실제로 그때부터 쿠팡은 물류 창고를 엄청난 속도로 늘려가기 시작했다. 그루폰이란 소셜커머스 모델을 벗고 아마존 모델로의 진화를 공언한 쿠팡은 그 가능성을 실제로 증명해 나가기 시작했다.

유통업계와 물류업계 모두에서 쿠팡의 로켓배송은 지속 불가능한 사업이라고 말했다. 하지만 쿠팡은 아랑곳없이 물류 투자를 지속했다. 도저히 가능할 것 같지 않은 이야기가 어쩌면 실제로 구현될지도 모르겠다는 희망이 무서운 속도로 조직 내에서 자라났다. 창업연구가 바바라 버드는 "창업가는 현재 존재하지 않는 이상을 위해 자기만의 상상력을 활용해 기업을 운영하는 사람"이라고 말했다.[4] 쿠팡은 창업가가 꿈꿨던 존재하지 않는 이상에 회사 전체가 전염됐다. 전사 워크숍이라도 열릴 때면 행사장 분위기는 마치 신흥 종교 집단의 그것과도 같았다. 확신에 찬 젊은 대표가 연단에 올라 "모두 함께 역사의 주인공이 되자"고, 그들은 "반드시 해내고 말 것"이라고 소리쳤다. 노란색 단체 티셔츠를 맞춰 입은 쿠팡 직원들은 그보다 더 열띤 박수와 환호로 응답했다.[5]

구름 속으로
사라진 쿠팡

행복을 전하는 택배 서비스

쿠팡이 로켓배송을 시작한 직후부터 온라인 육아 커뮤니티를 중심으로 입소문이 나기 시작했다. 훈훈한 미소의 쿠팡맨(현 쿠팡 친구)을 엘리베이터에서 만났는데 깜짝 선물로 사탕을 줬다거나 택배와 함께 손편지나 그림을 남기고 갔다는 등의 후기가 연이어 올라왔다.

로켓배송은 기존 배송과 모든 것을 반대로 했다. 모든 직원과 차량을 직영화해 서비스 질을 관리했다. 차량, 기름값, 정확한 연봉, 유니폼까지 다 제공했다. 단순히 배송이 아니라 행복을 선사하는 택배 서비스를 지향했다. 택배 상자는 '기프트'라고 불렸다.

쿠팡맨 평가 기준에 실적과 관련된 항목은 없었다. 하지만 고객에게 가는 기프트를 발로 차거나 던지는 경우에는 강력한 경고가 주어졌다.

언론에서는 '감성배송'이란 말이 처음으로 등장했다. 로켓배송이 생기기 전까지만 해도 '택배는 불친절하다'는 말은 '공무원은 관료적이다'는 말과 비슷한 차원으로 받아들여졌다. 너무나 당연했다는 뜻이다. 택배 기사들은 물류 회사와 계약을 맺은 자영업자들이었고, 수많은 택배 상자를 저렴한 단가로 쉴 새 없이 운반해야 했다. 쿠팡맨의 친절한 배송은 말 그대로 뉴스가 될 만큼 신선한 일이었다.

쿠팡맨들은 택배의 이미지를 바꾸기 위해 작은 것에도 공을 들였다. 일례로 엘리베이터 등에서 마주친 아이들에게 사탕을 선물로 주는 걸 반기지 않는 부모도 많다는 사실을 감안해서 수입산 유기농 캔디로 유명한 브랜드 제품을 줬다. '강남캔디'로 소문난 사탕을 받은 엄마들이 "역시 쿠팡이네"를 외치게 하기 위해서였다.

기존 서비스와는 완전히 다른 '친절한 택배'는 쿠팡을 고객, 특히 그들의 주력 고객인 젊은 여성 고객들에게 확실히 각인시켰다. 쿠팡은 직원들이 자발적으로 고객을 방문해 배송 상품과 선물, 감사 편지 등을 전달하는 '와우 딜리버리 프로그램'도 정기적으로 실시했다. 쿠팡은 TV 광고와 온라인 마케팅에 막대한 돈을 지불해 왔지만, 로켓배송의 친절한 서비스야말로 그 어떤 마케팅보다도 확실한 홍보 수단이 됐다.

쿠팡은 구름 속으로 사라졌다

쿠팡은 초창기 로켓배송의 차별화된 서비스를 위해서 탁월한 서비스로 정평이 난 여러 기업을 벤치마킹했다. 대표적인 것이 신라호텔이었다. 주변 사람들에게 추천까지 하게 되는 서비스는 단순히 만족하는 정도가 아니라 기대 이상을 충족시켜 감탄을 끌어내는 서비스였다.

당시 쿠팡은 이런 서비스를 '클라우드'라고 불렀다. 비행기가 이륙하기까지는 막대한 에너지를 써야 하지만, 일단 구름을 뚫고 일정 궤도 위로 사라지면 적은 연료로도 다른 이들이 따라잡을 수 없는 속도를 유지할 수 있었다. 클라우드는 고객으로부터 '와우'란 감탄을 자아내는 문화였고 경쟁사와 쿠팡을 차별화하는 결정적 요소를 뜻했다.

쿠팡맨은 배송 캠프별로 '클라우드 비용'을 따로 지불받았다. 이들은 자율적으로 아이디어를 내서 모든 박스를 한지로 포장해 진짜 선물처럼 증정하거나 〈맨 인 블랙〉 콘셉트의 의상을 입고 배송하기도 했고, 고객들에게 장미꽃을 선사하기도 했다. 택배를 오매불망 기다릴 고객들을 위해 언제쯤 도착할지 세 타임으로 나

뭐 안내 문자를 보내거나 도착한 택배 상자의 사진을 찍어 문자로 보내주는 서비스도 제공했다.

로켓배송에 대한 소비자들의 반응은 폭발적이었다. 쿠팡은 사람을 매달 200~300명씩 새로 뽑아야 했다. 한 달에만 100대가 넘는 새로운 차가 입고됐다. 서비스 출시 두 달 만인 2014년 5월 로켓배송 지역은 서울, 김포, 용인으로 확대됐고 1년 만에 경기, 광주, 부산 등 전국으로 확대됐다. 물량은 쏟아지는데 사람이 모자라서 관리직 직원이나 개발자 가릴 것 없이 주말에 자원자를 받아 로켓배송에 뛰어들기도 했다. 물류와는 아무 상관없는 직원들이었지만 '회사에 뭔가 엄청난 일이 벌어지고 있다'는 사실을 실감할 수 있었기 때문에 다들 기꺼이 동참했다.

쿠팡은 로켓배송을 시작한 지 1년 만에 경기, 인천, 대구 등 7개 지역에서 이커머스 업계 최대 규모(연면적 12만 5672㎡) 물류센터를 운영하게 됐다. 경쟁사들이 '저게 설마 되겠어?'라고 지켜보는 사이, 쿠팡은 계속 고도를 높였고 어느새 구름 속으로 사라지고 있었다. 도대체 어느 곳을 향해 가고 있는지, 마침내 아무도 알 수 없는 높이를 향해서였다.

고객 우선주의의 흥미로운 역설

김범석 의장은 쿠팡이 가장 집중해야 할 한 가지로 창업 초기부터 '고객'을 꼽았다. 단기적으로는 싱싱하지 않고 맛이 없어도 일단 많이 팔고 규모를 키우는 식당이 잘되겠지만, 장기적으로는 고객이 웃고 나가는 것에 집중하는 식당이 잘될 수밖에 없다는 이유에서였다. 그는 "누구나 아는 진리이지만 사업을 하다 보면 잊기 쉬운 진리"라고 말했다.[6]

쿠팡이 말하는 '두 개의 식당' 원칙은 아마존의 창업자 제프 베이조스가 말한 '선교사적 기업 운영'과 겹치는 지점이 있었다. '고객 집착'Customer obssessed의 원조 기업인 아마존의 베이조스는 인수할 회사를 운영하는 기업가를 만날 때 '이 사람은 선교사인가, 아니면 용병인가?'라는 질문을 반드시 던졌다. 용병은 자기 회사 주식 가격을 올리기 위해 애쓰는 부류였다. 김 의장의 예시를 참고하자면 첫 번째 식당 주인 같은 이들이었다. 반면 선교사는 제품과 서비스에 애정을 갖고 고객들을 아끼며 훌륭한 서비스를 구축하기 위해 노력하는 부류였다. 이를테면 두 번째 식당 같은 곳이었다. 베이조스는 "여기서의 가장 큰 모순은 더 많은 돈을 버는 쪽이 선교사라는 점"이라고 말했다.

고객 집착으로 유명한 글로벌 기업인 넷플릭스는 고객 집착을 이렇게 정의한다.

"고객 중심은 고객 만족과 함께 회사의 마진을 균형적으로 추구하며 사업을 운영해 가지만 고객 집착은 고객의 기쁨을 최우선으로 추구하며, 남들이 쉽게 따라 할 수 없는 사업 모델과 업무

관행을 구축한다."[7]

흥미로운 점은 넷플릭스 역시 "고객 집착 경영의 결과로 자연히 따르게 되는 것이 높은 마진"이라고 설명한다는 점이다. 분명히 모순이다. 하지만 아마존부터 넷플릭스까지 적지 않은 기업들이 이 모순을 증명하고 있다.

그 많은 돈은
다 어디서 왔을까

쿠팡을 망하게 하는 획기적인 방법

쿠팡은 로켓배송 초기에 유아동과 애완용품 같은 전략적 카테고리를 중심으로 서비스를 했다. 분유나 생수 같은 유아용품이나 정기적으로 필요한 애완용 사료 등은 반복 구매를 이끌어 내면서도 고객들의 충성도를 높여줄 수 있는 핵심 품목이었기 때문이다. 특히 이 상품들은 부피가 크고 무거움에도 불구하고 이윤이 거의 남지 않는다는 공통점을 갖고 있었다.

쿠팡은 대형 마트 판매 가격보다도 20~30% 더 할인한 가격에 이 상품을 판매했다. 생수 한 묶음만 주문하든, 엘리베이터가 없는 빌라 꼭대기 층에서 주문하든 '기프트 정신'에 입각해 약속된 시간 안에 배송했다. "쿠팡을 망하게 하려면 매일 생수 한 통씩을 주문하면 된다"는 유통가의 조롱이 흘러나오기 시작한 것이 이때부터였다.

주류 유통업계는 배달하면 할수록 적자가 쌓이는 쿠팡의 무모한 행동을 비웃었지만, 쿠팡은 더 큰 그림을 그리고 있었다. 이렇게 꼭 필요한 물품을 저렴하고 안전하게 배송받는 데 익숙해진 소비자들은 장기적으로 쿠팡의 생태계 안에 반드시 붙들릴 것이란 확신이었다.

실제로 기저귀를 중심으로 한 직매입 유아동 제품은 소비자들에게 '기저귀＝쿠팡', '유아용품＝쿠팡'이라는 인식을 심어줬다. 효과는 매출 확대로 나타났다. 쿠팡의 2014년 상반기 히트 상품 1위는 '하기스 프리미어 기저귀'였다. 잘 팔린 제품 10위권 중 4개가 육아용품이었다.

대형마트 기저귀 부대 습격사건

쿠팡의 성과는 유통업계의 유례없는 '기저귀 전쟁'의 서막이 됐다. 기저귀가 매출과 충성 고객 확보의 방아쇠 역할을 하는 핵심 상품이 될 것이라 생각하지 못했던 다른 유통 업체들까지 뒤늦게 기저귀 판매에 뛰어들었다. 조금이라도 싸게 기저귀를 팔기 위한 1원 단위 출혈 경쟁과 물량 확보 경쟁이 심해졌다.

최저가와 신속한 배송으로 업계의 판을 흐린 쿠팡은 경쟁 유통 회사들뿐 아니라 오프라인 업체와 주로 거래하던 대형 제조사들과도 여러 가지 갈등을 겪어야 했다. 제조 업체들은 신생 온라인 업체인 쿠팡에 충분한 물건을 주지 않으려 했다. 직원들이 재고를 구하려고 전국 각지의 창고를 돌고, 사무실에서 잠을 자는 일도 비일비재했다.

한번은 필요한 분량의 기저귀를 확보하지 못해 위기가 찾아왔다. 이때 쿠팡은 보통의 회사에서는 떠올리기 어려운 해결책을 내놨다. 해당 부서 직원에게 일제히 법인카드를 나눠주고 즉시 할인 마트로 흩어지게 한 것이었다. 법인카드를 든 쿠팡 직원들은 주어진 임무대로 각지의 마트에서 닥치는 대로 기저귀를 싹쓸이했다. 웬 장정들이 매장 내 기저귀를 다 쓸어 담고 있다는 소식에 마트 관리자들이 달려 나오기 전까지 말이다. 쿠팡은 확보하지 못한 재고를 툭하면 이런 식으로 근처 다른 마트에서 비싸게 사온 뒤에 건당 십수만 원이 더 드는 퀵서비스로 배송하는 기상천외한 일을 반복했다.

재고가 없다고 경쟁사에서 물건을 비싸게 사오는 건 일반적인 회사에서라면 징계를 받을 법한 사안이었다. 하지만 쿠팡에서는 이런 일이 문자 그대로 비일비재했다. 고객과의 약속을 지키기 위해서라면 비용이 얼마나 들어도 개의치 않았다. 고객 만족과 회사의 단기적 이익이 충돌하는 지점에서 지체 없이 바로 전자로 돌진해도 책임을 추궁당하지 않으리란 강력한 공감대가 회사 내에 형성돼 있었기 때문이다. 쿠팡의 '와우' 정신은 표어로만이 아니라, 일상 업무에서 일관성 있게 적용됐다. 적어도 이 문제에 한해서는 이상과 현실의 괴리 같은 건 없었다. 한 가지 문제는 이렇다 보니 언제나 어마어마한 돈이 든다는 것이었다.

그 많은 돈은 다 어디서 왔나

쿠팡은 돈을 아끼는 회사가 아니었다. 창업 초기부터 고객 만족을 위해 돈을 쏟아부었다. 창업 직후에는 브랜드 인지도를 높이기 위한 마케팅과 고객센터에, 직매입과 로켓배송을 시작한 이후에는 배송에 모든 것을 걸었다. 이윤도 제대로 창출하지 못하는 기업이 매번 자금을 폭탄 투하하면서 기존의 관습을 파괴했다. 쿠팡이 무슨 돈으로 그런 무모한 모험을 감행하는지는 언제나 가장 큰 의문을 자아냈다.

창립 때부터 미국 상장을 목표로 했던 쿠팡은 언제나 상장 준비 상태였다. 2014년경에는 실제로 미국 상장 작업을 마쳤다. 로켓배송이라는 전에 없는 실험을 하면서 필요한 막대한 자금을 상장으로 충당하기 위해서였다. 하지만 상장 서류 심사를 제출하기 일주일 전 막판 보류를 결정했다. 아마존조차 감행하지 못한 대규모 직고용 직배송을 본격화하기 위해서는 상당한 변화와 단기적 불안 요소가 뒤따를 수밖에 없었는데, 섣불리 상장했다가 주주들의 이해관계 때문에 이런 모험이 불가능해질 위험이 있었기 때문이다.

대신 쿠팡은 혁신에 필요했던 많은 돈의 상당 부분을 글로벌 투자자들로부터 유치해 왔다. 글로벌 시장조사 업체인 CB인사이트 등에 따르면 쿠팡은 상장하기까지 시드 단계 투자에서부터 시리즈 A~G 라운드에 이르는 투자를 총 열두 차례 받았다. 투자 유치 총액은 34억 달러(약 4조 2000억 원)에 달했다. 김범석 의장은 쿠팡을 설립할 때부터 하버드대 인맥과 학부 시절 창업 경험을 활용해 유명한 투자자들에게 시드머니 투자를 받았고, 차근차근 기업 가치를 올리면서 단계별로 대규모 외부 투자를 유치했다.

쿠팡의 투자 유치 면면을 살펴보면, 글로벌 유수 투자자들이 쿠팡을 일찌감치 유망 기업으로 점찍어 뒀음을 알 수 있다. 중국의 동영상 서비스 유쿠, 한국 카카오톡 등에 투자한 매버릭 캐피탈은 카카오에 투자하기 전 이미 쿠팡에 투자한 상태였다. 2011년 초 쿠팡에 투자한 지 6개월 만에 10배 이상 성장하는 것을 목격하고 한국 기업에 추가로 투자했다.

카카오에 투자하기 위해 2014년 봄 한국을 찾은 세쿼이어 캐피탈 역시 "카카오에 관심이 있다면 쿠팡도 만나봐야 한다"는 쿠팡의 초기 투자자 소개로 김 의장을 만나고 1억 달러를 투자했다. 이후 블랙록 등에서도 3억 달러를 투자했다. 당시만 해도 세쿼이어 캐피탈이나 블랙록 같은 세계적 규모의 투자 회사 이름이 한국 스타트업 업계에 오르내리는 것 자체가 처음이었다. 투자 규모 역시 비상장 기업의 외부 투자로 최대 규모였다.

투자자들이 본 것, 우리가 못 본 것

투자자들은 쿠팡의 어떤 점을 보고 거액의 투자를 결정했을까. 쿠팡이 글로벌 투자자들의 마음을 사로잡은 데는 몇 가지 비결이 있었다. 초기 투자 단계에서는 한국 이커머스 시장의 폭발적인 잠재력과 창업자의 분명한 비전이 큰 영향을 끼쳤다. 김범석 의장은 특유의 자신감 넘치는 언변과 다양한 데이터를 바탕으로 한국 시장이 작다는 편견을 깨고 국내 이커머스 시장의 성장 잠재력이 얼마나 높은지 투자자들을 설득하는 데 성공했다. 실제로 쿠팡은 창립 이후 상장하기까지 J-커브를 그리면서 급성장을 지속해 왔다.

2014년 글로벌 대형 투자사들이 쿠팡에 대규모 자금을 쏟기 시작한 것은 이 무렵의 쿠팡이 매우 분명한 방식으로 아마존이라는 세계에서 가장 유명한 성공 모델이 밟은 길을 그대로 이어가고 있었기 때문이다. 아마존은 창립 후 8년 만에 흑자를 낸 후 '아마존당하다'amazoned라는 신조어까지 나올 정도로 시장을 독식하는 지배적 사업자로 성장했다. 쿠팡 역시 고객 집착에 대한 분명한 비전을 창업자의 강력한 리더십과 조직문화를 바탕으로 일관되게 밀어붙였고 기술 투자와 로켓배송이란 독보적 물류 체계를 통해 경쟁사들이 더 이상 따라오기 힘든 거대한 해자垓字. moat를 구축해 가고 있었다. 성장 속도만으로 보면 아마존보다 빨랐다. 지역 상품, 공동구매 형태의 소셜커머스로 사업을 시작한 쿠팡은 로켓배송을 선보인 이후 4년 만에 이커머스 사업 부문에서 2400% 이상 성장했다. 약 1500개에 불과했던 상품 수는 3000만 개로 늘었다. 마이클 모리츠 세쿼이아 캐피탈 회장은 2014년 쿠팡 본사에서 김범석 의장과 면담하고 난 직후《뉴욕타임스》와의 인터뷰에서 "일관되게 고객 중심 경영을 하는 김범석 대표가 매우 인상적"이라고 말했다.

물론 쿠팡의 투자 역사상 가장 괄목할 만한 것은 소프트뱅크였다. 손정의 회장은 총 3조 원 넘는 막대한 자금을 쿠팡에 쏟아부어 오늘날 쿠팡을 만드는 데 결정적인 역할을 했다. 흔히들 쿠팡의 위상이 2015년 소프트뱅크의 투자 전후로 갈린다고 평가하는 이유다. 하지만 쿠팡 투자 유치의 역사를 보면 사실 그렇게만 보기 어렵다. 쿠팡은 소프트뱅크로부터 역대 최대 규모의 투자금을 유치하기 이전부터, 이미 유수의 글로벌 투자자들로부터 인정받고 있었다. 소프트뱅크는 적자 기업 쿠팡을 '발굴'해 낸 것이 아니었다. 세계적 투자자로부터 이미 수차례 검증이 끝난 유망 기업을 확실한 1등으로 '낙점' 짓는 투자를 했던 셈이다.

한국판 '규칙 없음'

▲ '애자일' 한국 초기 도입

▲ 인재는 확실히 대우한다

▲ 반드시 숫자로 생각하라

▲ 개발자를 위한 테크 기업

3
버디

최고와
동행하라

쿠팡이 국내 어떤 기업들보다 훨씬 빨리 애자일을 성공적으로 이식했던 비결은 '전격적 도입'이었다. 모든 개발자가 2주간 업무를 멈추고 애자일 교육만 받았다. 그 후 조직 개편을 통해 하루아침에 시스템을 바꿔버렸다. 급격한 변화에 따른 혼란과 저항을 우려해 단계적으로 변화를 도입하려는 온건한 방식이 언제나 정답은 아닐 수 있음을 시사해 준다. 세상에는 당장 바꾸지 않으면 절대 바꿀 수 없는 것들도 존재한다.

애자일 사건의
흔적을 찾아서

하루아침에 탄생한 애자일 조직

2012년 가을, 쿠팡 개발 조직에 외국 컨설팅 업체 관계자가 나타났다. 그날로 30여 명 남짓하던 쿠팡의 개발 조직에서 진행됐던 모든 개발 업무가 전면 중단됐다. 개발자와 서비스기획자뿐 아니라 웹디자이너까지 갑자기 하던 일을 다 내버려 두고 참여하게 된 것은 다름 아닌 '애자일'agile 교육 프로그램이었다.

요즘 애자일은 유연하고 신속한 의사결정을 끌어내는 선진 경영 방법론 정도로 통용된다. 하지만 원래 애자일은 2000년대 초반 실리콘밸리의 개발자들이 기존 소프트웨어 개발 방식에 문제를 제기하면서 생겨난 새로운 소프트웨어 개발 방법론이었다. 당시만 해도 한국에서는 애자일이란 용어 자체가 생소했고, 애자일이 뭔지 제대로 아는 이들도 없었다. 조직 전체를 애자일 방식으로 운영하는 경우는 더더욱 없었다.

애자일이 뭔지 아는 사람이 하나도 없었기 때문에 애자일을 도입한다는 것은 결코 쉽지 않은 일이었다. 쿠팡은 이 어려움을 독특한 방식으로 타개해 나갔다. 일단 부서 전체가 현업에서 손을 떼고 교육만 받게 한 것이었다. 분초를 아끼며 일하는 스타트업에서 전 부원이 개발을 중단하고 2주간 교육과 실습만 받는 일은 유례를 찾아보기 어려운 일이었다. 교육이 끝난 후엔 더 충격적인 일이 찾아왔다. 개발 조직 전체가 하루아침에 애자일 방식으로 개편된 것이었다. 그룹장도 팀장도 바로 다음 날부터 '일개 개발자'가 됐다. 모든 직급이 사라졌다. 현업에서 손을 떼고 하루 종일 애자일의 개념, 운영 방식을 실습하긴 했지만 이렇게 전면적인 변화가 찾아올 것이라고는 누구도 생각하지 못했다. 국내 어느 기업보다 빨리 애자일을 도입했던 쿠팡의 애자일은 이런 방식으로 도입됐다. 전면적으로, 기습적으로, 그리고 하루아침에였다.

쿠팡은 왜 애자일이 필요했을까

소셜커머스로 출발했던 쿠팡은 이 무렵 한국에 아마존과 같은 제대로 된 이커머스를 선보이겠다는 야심을 품고 맹렬한 피보팅을 추진하고 있었다. 유통 회사 출신의 상품기획자들도 대거 영입했다. 하지만 상품 소싱sourcing뿐 아니라 그것을 분류하고 추천한 뒤 판매 및 배송해 주는 시스템이 중요한 이커머스에서 관건은 결국 기술력이었다. 쿠팡은 네이버쇼핑이나 옥션, G마켓처럼 수많은 판매자가 올린 상품을 나열하는 데 그치거나 광고비를 낸 순서로 정렬해 주는 단순한 오픈마켓 형태가 아닌. 고객 편의적으로 진화된 이커머스를 꿈꿨다. 주문, 입출고와 재고 관리 및 배송에 이르기까지 전 영역에서 인력과 시간의 낭비 없이 효율적인 프로세스를 유지하기 위해서는 소프트웨어 개발 역량이 필수적이었다.

회사의 급성장에 따른 무리한 개발 일정은 개발 조직의 사기 저하로 이어지고 있었다. 능률은 능률대로 나지 않았다. 시장은 실시간으로 달라지고 있는데 서비스기획자, 개발자, 각 부서의 이해관계자들 사이에서 의견이 돌고 돌다 보면 일이 쉽게 진척되지 않았다. 대기업에서는 비일비재한 일이었지만, 속도가 생사를 가르는 스타트업에서는 경쟁력을 심각하게 갉아먹는 문제 현상이었다. 쿠팡은 업무 프로세스 중간에서 병목이 생기는 현상을 용납하지 않았다. 특정 업무가 시간을 잡아먹으면 그 업무를 없애버렸고 특정 직급이 일을 지체하면 직급을 없앴다. 개발 조직에도 그런 과감한 처방이 필요했다. 그러려면 기존 방식과는 완전히 다른 새로운 개발 프로세스가 있어야 했다. 그게 '민첩한',

'신속한'이란 뜻을 지닌 실리콘밸리 방식의 선진 개발문화 '애자일'이었다.

"한 번에 못 바꾸면 안 바뀐다"

애자일 이전의 소프트웨어 개발은 기획을 먼저 한 뒤에 세부 사안을 완전히 구체화하고 이 일정에 따라 순차적으로 개발을 진행하는 선형적 구조로 이루어졌다. 이른바 '워터폴'waterfall이라고 불린 이 방법은 안정적이란 장점은 있었지만 한 프로젝트의 기간이 길고, 중간에 문제나 변수가 생겨도 즉각적인 대응이 어렵다는 문제점을 갖고 있었다. 돌발 상황에 대처하기 어렵다는 점은 사용자로부터의 빠른 피드백이 중요해진 이커머스 시대에는 치명적 단점이었다.

애자일은 워터폴에 대비되는 개념으로 등장한 개발 방법론이었다. 애자일은 개발 조직을 '투 피자'two pizza(피자 두 판을 나눠 먹을 수 있는 규모의 팀)라고 불리는 7명 내의 작은 스크럼(팀)으로 모두 쪼갰다. 각 스크럼은 스프린트라고 불리는 짧은 주기(보통 2주)의 개발 사이클을 두고 일했다. 프로젝트 책임자PO가 업무의 우선순위를 정하면 스크럼마스터SM가 목표, 계획, 일정 등을 공유했다. 개별 개발자들은 그 목표를 위해 자신이 해야 할 과업을 주도적으로 정했다. 매일 아침 모여 보드 앞에 선 채로 그날 서로가

해야 할 일을 간단히 점검하는 회의인 스탠드업(데일리 스크럼으로도 불린다) 등은 이런 구조를 기반으로 이뤄졌다. 두 달에 한 번은 전체 팀이 모여서 향후 추진해야 할 프로그램 및 일정을 계획하고 공유하는데, 이때 수평적이고 활발한 의견 교환이 이뤄졌다.

쿠팡은 이 같은 '애자일의 정석'에 따라 상품, 주문, 마케팅, 물류 등 목표 중심으로 개발 조직을 대대적으로 개편하고 대표 직속 부서로 뒀다. 각 팀에 개발자, 프로젝트 책임자, 스크럼마스터, UX디자이너 등 7명 내외의 인력을 배치했다. 애자일은 일하는 방식이자 문화였기 때문에 수직적·선형적 지시 체계에서 일하던 개발자들을 갑자기 애자일 방식으로 전환하는 것은 쉽지 않았다. 혼란과 시행착오, 급격한 변화에 대한 저항감 때문에 많은 기업이 필요성은 인지하면서도 차마 시도하지 못하는 일이기도 했다. 하지만 애자일 조직에 대한 신념이 확고했던 김 의장은 "기업 문화는 한 번에 바꿔야 바꿀 수 있다"며 변화를 밀어붙였다.

하와이 팀과 이비자 팀의 탄생

쿠팡은 애자일 방식의 수평적 조직문화를 위해서 직급을 모두 없앴을 뿐 아니라, 닉네임 제도를 도입했다. 닉네임은 단순히 영어 이름이 아니라 자신이 직접 정한 별명이었다. 평범한 영어 이름으로 닉네임을 정하기도 했지만, '썸남', '추장', '비달사순' 등

개성 넘치는 닉네임을 정하는 경우도 많았다. 자신이 정한 닉네임이 회사 내 모든 공식적인 자리에서 통용됐다. 이때 자리 잡은 닉네임 문화는 현재까지도 이어져 오고 있다. 2022년 쿠팡 뉴스룸이 밝힌 자료에 따르면 가장 많은 닉네임은 제이, 다니엘, 레오순이었고 탱크, 미사일, 네오, 쿠키, 피카츄, 맥콜 같은 독특한 닉네임도 다수였다. 한 개발 팀은 북어, 우럭, 광어 등 모두 생선 이름을 가진 팀원들이 모여 있어서 '어장'이라고 불리기도 했다. 임원도 예외가 없었다. 김범석 의장은 이때부터 쿠팡 내에서 '대표님'이나 '의장님'이 아니라 '범'으로 불렸다.

당시 개발 팀은 팀 이름을 각국의 다양한 휴양지 섬 이름으로 지었다. 애자일이란 파워풀한 문화를 바탕으로 쿠팡이 큰 성공을 거뒀을 때 포상 휴가로 가고 싶은 섬 이름을 팀명으로 정하기로 했기 때문이었다. 하와이 팀, 산토리니 팀 같은 꿈의 휴양지들이 줄줄이 팀 이름이 됐다. 클러버들의 성지로 불리는 이비자 팀도 있었다.

애자일 조직으로의 개편이 순조롭기만 했던 건 아니었다. 팀장, 그룹장 같은 직급 없이 스크럼마스터를 중심으로 과업을 수행하면서 새로운 직무 수립, 리더십 문제 등이 불거지기도 했다. 데일리 스크럼 진행 방법과 대대적 조직 변경에 따른 혼란도 있었다. 일각에서는 예전 방법으로 돌아가자는 주장도 나왔다. 하지만 애자일의 기습적 전면 도입 당시 일부에서 예견됐던 대혼란

같은 건 없었다. 개발자들은 애자일 조직을 이식하면서 '3년 정도만 이렇게 해보면 최고의 조직이 만들어질 테니 시행착오가 있더라도 열심히 해보자'고 서로를 독려했다. 실제로는 1년여 만에 애자일 문화가 완전히 자리 잡았다.

문화 결정론의 함정을 넘어

한국 IT업계에는 환경에 따라 사람의 기질이 달라짐을 뜻하는 '귤화위지'橘化爲枳(귤이 탱자가 된다)란 사자성어에 빗대 "실리콘밸리의 귤이 판교에 오면 탱자가 된다"는 말이 있다. 아무리 선진 문화를 도입해도 결국 '한국적 변형'이 일어난다는 뜻이다. 애자일은 대표적인 귤화위지의 사례로 꼽혔다. 많은 기업이 애자일을 도입하고 싶어 했지만 어설픈 흉내만 내다가 실패했다.

하지만 쿠팡은 이 함정을 비껴갔다. 쿠팡이 국내 어떤 기업들보다 훨씬 빨리 애자일을 성공적으로 이식했던 비결은 크게 두 가지였다. 첫 번째는 '전격적 도입'이었다. 모든 개발자가 2주간 업무를 멈추고 애자일 교육만 받았다. 그 후 조직 개편을 통해 하루아침에 시스템을 바꿔버렸다. 급격한 변화에 따른 혼란과 저항을 우려해 단계적으로 변화를 도입하려는 온건한 방식이 언제나 정답은 아닐 수 있음을 시사해 준다. 세상에는 당장 바꾸지 않으면 절대 바꿀 수 없는 것들도 존재한다.

두 번째로 '한국에서는 안 된다'는 문화결정론을 극복했다. 쿠 팡이 애자일을 도입할 당시 주변에서는 비관과 냉소가 넘쳤다. "한국에서 애자일이 되겠어?" "한국에서는 절대 안 돼!" 한국에는 한국 전문가들이 너무 많았다. 미국에서 자라 실제로 한국에 대 해서 잘 몰랐던 김 의장은 때로 그런 말에 흔들렸다.[1] '한국은 정 말 그런가?' 확신형 리더인 그조차 주저했다. 하지만 일단 문화결 정론에 빠지는 순간, 더 이상의 배움은 없었다. 새로운 것을 시도 해 볼 이유 자체가 없기 때문이다.

당시만 해도 개발 조직 전체에 애자일이 적용된 국내 사례는 쿠팡이 유일했다. 많은 기업이 기획과 관리만 직접하고 개발과 테스트는 외부 업체에 아웃소싱outsourcing을 하는 데 머물고 있 던 시절이었다. 쿠팡은 개발자들의 오너십을 끌어내기 위해 협력 업체를 거의 쓰지 않았을 뿐 아니라 애자일을 선도적으로 도입해 정착시켰다. 문화결정론은 지금까지 수많은 혁신을 주저앉혔다. 쿠팡 역시 갈등했다. 하지만 그들은 결정론의 한계를 넘어섰고 그 덕분에 애자일의 파워풀한 문화를 일찌감치 자신의 것으로 체 화하는 데 성공할 수 있었다.

그 많은 인재들은
왜 쿠팡으로 갔을까

쿠팡의 인재 채용에는 뭔가 특별한 게 있다?

아마존과 같은 시장 지배적 기업으로 성장하기 위해서는 결국 기술 개발 역량이 핵심이 될 것이라는 사실을 쿠팡은 일찍 간파 했다. 개발 조직 전체를 애자일로 뜯어고치고 대표 직속으로 집 중 관리했던 것도 그런 이유 때문이었다. 문제는 우수한 개발자 를 영입해 오는 일이 그리 쉽지 않다는 점이었다. 네이버나 다음 같은 대기업 출신 시니어 개발자들이 적자 상태를 벗어나지 못하 는 신생 소셜커머스 업체로 선뜻 이직할 리가 없었다.

인재 수혈이 쉽지 않다는 점은 많은 스타트업이 초창기에 부 딪히게 되는 대표적인 어려움 중에 하나였다. 우수한 인재들이 알아서 몰리는 대기업과는 채용 여건이 현격히 달랐다. 쿠팡은 이 어려움 역시 자신만의 방식으로 풀어나갔다. 2011년경부터 SK커뮤니케이션이나 네이버 등 대기업 출신 개발자들이 점차 쿠팡에 둥지를 틀기 시작했고 10명 남짓하던 개발 조직은 1년이 채 못돼 100명, 다음 해엔 300여 명으로까지 급증했다.

쿠팡에 자리 잡은 초창기 개발 인력들은 개발 역량이 뛰어났을 뿐 아니라 애자일 조직으로의 변화 같은 조직의 급격한 전환에도 오픈 마인드로 적극적으로 협조하면서 기업의 체질 변화에 긍정적인 영향을 미쳤다. 스타트업에 불과했던 쿠팡이 이렇게 우수한 개발 인력들을 확보할 수 있었던 비결은 무엇이었을까.

개발자 뽑으러 제주도까지 간 대표

쿠팡이 인재를 확보할 수 있었던 첫 번째 비결은 대표의 스폰서십이었다. 인재를 뽑고 싶지 않은 경영자는 없겠지만, 김범석 의장은 그 목표를 위해 말 그대로 수단과 방법을 가리지 않았다. 2011~2013년까지 김범석 의장은 뽑고 싶은 개발자를 직접 닥치는 대로 만나러 다녔다. 점심과 티타임을 함께 하면서 한국에 제대로 된 이커머스 기업을 세우고 싶다는 비전을 직접 밝혔고, 그 핵심이 기술이 될 것이라는 점에 대해서도 확신을 갖고 이야기했다. 오랫동안 IT 대기업에서 일하다 쿠팡으로 옮긴 시니어 개발자들은 사업을 유지하기 위한 수단 정도로 기술을 대하는 것이 아니라 기술이 전부라는 확신을 보여주는 대표에게서 깊은 인상을 받았다. 그는 개발자가 불과 10여 명 남짓하던 때 '100명이 넘는 개발자를 채용할 것'이라고 말했고 개발자가 100여 명을 넘겼을 때부터는 '1000명 넘는 개발자를 채용하겠다'고 말했다.

쿠팡은 새로 영입한 개발자들에게는 추천할 만한 다른 개발자의 이름과 연락처를 쓰게 했다. 채용이 이뤄질 경우 추천한 이에게 인센티브를 줬다. 이름과 연락처만 공유하면 미팅과 설득은 모두 임원들이 했다. 손해 볼 것 없는 일이니 대부분의 개발자는 머릿속에 떠오르는 좋은 동료들을 추천했다. 쿠팡은 이를 바탕으로 수백 명에 달하는 스카웃 리스트를 만들었고 김 의장과 임원들이 조를 짜서 하루에 적어도 2~3명 이상씩 미팅을 하러 다녔다. 추천하는 사람이 있는 회사라면 서울 구로, 상암, 강남 가리지 않고 모두 다녔다. 김범석 의장은 꼭 뽑고 싶은 개발자를 만나기 위해서 한겨울 집 앞에서 몇 시간 동안 기다리다 허탕을 치기도 했고 제주도로 직접 찾아가 티타임을 갖기도 했다.

대표가 이렇게 발 벗고 채용에 나선 이유는 좋은 개발자를 뽑는 것이 좋은 개발 조직을 만들기 위해 가장 중요한 일이라고 봤기 때문이었다. 좋은 조직문화는 결국 좋은 사람들이 만들어 가는 것이었다. 경영학자 짐 콜린스는 폭발적 성장을 이룬 기업의 성공 요인을 분석한 『좋은 기업을 넘어 위대한 기업으로』에서 위대한 회사로의 변환을 위해 가장 중요한 자산은 적합한 인재임을 강조했다. 쿠팡은 한국의 아마존이 되겠다는 그들의 야심 찬 꿈을 실현하기 위해서 적합한 인재를 구하는 데 전력을 쏟았다. 시니어 개발자들은 그들이 십수 년간 일했던 기술 기업의 경영진들보다 기술에 더 큰 애착과 열정을 갖고 있는 신생 소셜커머스 업체 대표에게 모험을 걸어볼 만 하다고 느꼈고, 그 점은 때때로 실제 개발자들의 마음을 움직였다.

합당한 보상이 내는 놀라운 효과

물론 실제 개발자들이 쿠팡으로 대거 옮겨온 것은 그에 합당한 보상을 책정해 줬기 때문이기도 했다. 이 점은 유통업계의 기저귀 전쟁 촉발이나 물류업계를 반쿠팡이란 기치 아래 똘똘 뭉치게 했던 로켓배송만큼이나 산업계에서 큰 논란이 됐다. 쿠팡발發 개발자 몸값 인플레이션이 업계에 파장을 불러일으켰기 때문이다. 하지만 좋은 개발자 영입에 각고의 노력을 기울였던 쿠팡은 대부분의 사람이 이직을 결정하는 데 가장 큰 요인이 되는 보상을 무엇보다 적극적으로 활용했다.

쿠팡은 개발자들에게는 돈을 아끼지 않았다. 좋은 개발자 한 명과 고만고만한 개발자 한 명의 생산성은 백 배까지 차이가 난다고 봤기 때문이다. 성과 차이는 백 배가 넘지만 연봉은 30~50%

차이밖에 나지 않았다. 능력 있는 개발자들에게 보상을 더 해주지 않을 이유가 없었다. 초창기부터 쿠팡은 경력을 채용할 때 기존 연봉에서 20~30% 이상씩 더 줬고 반드시 영입하고 싶은 인재에 한해서는 그 이상을 벗어나는 웃돈도 얹어줬다.

이런 보상 방식은 갈수록 더 정교하면서도 파격적인 방식으로 진화했다. 심지어 쿠팡은 정기적으로 비슷한 경력의 개발자가 받는 시장 평균 연봉을 조사한 후에 요구하지도 않은 직원에게 연봉을 먼저 올려주겠다고 역제안하기도 했다. 꼭 필요한 인재가 회사를 떠날 수 있는 작은 빈틈도 허락하지 않겠다는 의지였다.

오너십을 가진 개발자의 위력

무엇보다 쿠팡은 개발자들의 오너십을 최대한 존중해 줬다. 좋은 개발자들일수록 업무에 주도권을 갖고 참여하길 원했다. 하지만 당시 대부분의 회사에서 개발자들은 이미 기획이 모두 끝난 서비스의 기술적인 부분만을 해결해 주는 역할에 그치고 있었다. 누구나 그렇지만 특히 개발자들은 누가 시켜서 하는 일보다는 스스로 꽂혀서 몰입할 수 있는 일을 원했고 그럴 때 월등한 성과를 냈다. 우수한 개발자들일수록 서비스 기획에서부터 완성에까지 주도적으로 참여해 함께 만들어 가는 과정을 즐겼다.

쿠팡은 개발 조직을 외주로 돌렸던 일반적 기업 관행과 달리 모든 개발자를 정규직으로 고용했을 뿐 아니라 애자일 조직으로의 변환을 통해 이들이 직접 기획과 개발에 모두 수평적으로 참여할 수 있는 오너십을 확보해 줬다. 개발자들이 성장하는 산업과 성장하는 회사에서 자기 주도적인 기회를 갖고 일할 수 있다는 점을 충분히 강조한 것이다.

"내 일이다", "일이 재밌다"고 느끼는 개발자들이 만들어 내는 성과는 기대 이상이었다. 쿠팡은 마이크로 서비스 아키텍처MSA 구축부터 클라우드 이전까지 모든 것을 순수하게 자체 기술력으로 해결했다(112쪽 참조). 이런 문화가 회사 전반에 형성되자 오너십을 갖고 일하기 원하는 자기 주도적인 개발자들이 계속 쿠팡을 택했다. 쿠팡 개발 조직에서는 누가 외부에서 오든 배척하지 않는 문화가 자리 잡혔다. 어떤 문제가 생기면 11번가부터 이베이, 아마존 등 각 기업에서 영입된 다양한 경력자들이 그들은 각자 어떻게 문제를 해결해 왔는지 베스트 프랙티스를 놓고 토론한 뒤 적용했다. 어떤 도전이든 장려됐다. 하고 싶으면 해보는 거였다. 대표가 직접 그들이 하는 일이 얼마나 가치 있는지 설명하며 전폭적 지지를 보내줬다. 이것은 쿠팡이 구축하려던 조직문화와도 일맥상통했고 선순환 효과를 냈다. 개발만 하고 싶은데 몇 년 지나면 관리자 트랙을 밟아야 했던 기존 회사와 달리 본인이 희망할 경우 개발자로 임원까지 성장할 수 있는 길 역시 보장했다.

버디

고농축 인재 밀도 기반의 '한국판 규칙 없음'

세계적인 온라인 스트리밍 업체인 넷플릭스의 성공 요인 중하나는 '규칙 없음'으로 요약되는 독특한 조직문화다. 넷플릭스는 근무 시간, 휴가, 출장 경비 등에 관한 어떠한 규정도 두지 않고 모든 것을 철저히 직원들의 자율에 맡긴다. 원칙의 기준은 '어떤 선택이 회사에 더 도움이 되는 것인가'뿐이다. 출장 중 비즈니스석을 타고 특급 호텔에서 충분히 쉬며 일하는 것이 회사의 성과에 더 보탬이 될 것이라고 판단한다면, 그렇게 하면 된다. 반면 그렇지 않은 출장이라면 이코노미석과 중저가의 합리적 비즈니스 호텔을 택하면 된다. 흥미로운 건 이처럼 오너십에 기반한 자율성을 이끌어 내는 가장 강력한 원천 중 하나가 과감한 보상이라는 점이다.

넷플릭스가 보상을 주는 방법은 충격적이다. 기존 연봉에서 협상을 시작하는 일반적인 회사와 달리 시장 평균가의 두세 배까지도 더 준다. 대부분의 인재는 받아야 할 금액 혹은 그 이상까지도 과감하게 주고 잠재력을 인정해 준 회사에 최선을 다해 충성하기 때문이다. 넷플릭스는 인센티브 제도에 대해서도 회의적이다. 오너십과 자율성을 갖춘 우수한 인재는 인센티브 유무에 따라 일을 더 열심히 하거나 덜하지 않는다고 보기 때문이다. 이 회사는 인센티브를 성과에 연동시키지 않고 고액 연봉을 한 번에 지급한다. 규칙적으로 시장 조사를 한 뒤 그보다 연봉이 낮게 책

정된 이들의 연봉을 알아서 올려주는 독특한 일도 한다.[2]

이처럼 파격적인 대우와 자율성은 개발이나 콘텐츠 제작 같은 핵심 직군에 한해, 그리고 구성원들이 예외적으로 우수한 인재 밀도를 갖추고 있다는 전제하에서만 작동한다. 넷플릭스 역시 일반적인 지원 업무에서는 일반적인 보상 정책을 쓴다. 개발 직군에 한해 통상적 임금 상승률을 뛰어넘는 연봉 계약을 숱하게 했던 쿠팡의 원칙과 일맥상통한다.

업계를 불문하고 국내에 본격적인 개발자 영입 전쟁이 불붙은 것은 코로나19 이후 플랫폼 기업이 급성장하면서부터였다. 쿠팡이 우수 개발자를 확보하기 위해 실리콘밸리에서나 쓴다는 '사이닝 보너스'signing bonus를 도입한 것도 화제가 됐다.

하지만 사실 쿠팡이 개발자를 확보하기 위해 강력한 드라이브를 걸었던 것은 이미 한참 전부터 시작된 일이었다. 쿠팡이 개발자 영입에 사활을 걸었던 것이 이 뉴스가 온갖 매체를 도배하기 시작한 시점보다 10여 년이나 앞서 있다는 것은 의미심장한 시사점을 준다. 쿠팡은 핵심 직군에서의 인재 밀도를 유지하기 위해 오래전부터 한국판 '규칙 없음'을 써나가고 있었던 셈이다.

우리는
테크놀로지 회사입니다

개발자 찾아 한겨울 실리콘밸리까지

쿠팡은 일찍부터 유통 회사가 아니라 정보기술IT 회사라는 '확고한 자기 정체성'을 갖고 있었다. 쿠팡은 그들이 여전히 '소셜커머스'로 불리던 초창기부터 "쿠팡을 소셜커머스라고 하는 건 삼성을 설탕 회사라고 하는 것과 같다"거나 "처음부터 고객 중심적인 '기술 회사'를 꿈꿨고 이커머스는 그 시작일 뿐이었다"고 말해왔다.

쿠팡의 확고한 자기 정체성을 보여주는 대표적인 사례 중 하나가 2014년 4월경 대외적으로 주목을 받았던 이벤트인 실리콘밸리 기술 기업 캄씨CalmSea의 인수였다. 쿠팡이 인수한 기술 기업 캄씨는 대규모 데이터베이스 시스템과 빅데이터 분석, 유통 최적화 작업 등에 노하우를 가진 업체로 디즈니, 푸마, 레노보, 바클레이 카드 등 유명 기업을 고객사로 갖고 있는 업체였다. 쿠팡의 이 인수는 인재 인수Acquisition Hire 성격이 강했다.

구글, 페이스북 같은 회사들도 매년 수십 개의 스타트업을 인수하는데, 이중 상당수가 이처럼 인재 인수를 위해서다. 우수 인재 채용에 투입되는 비용이 높기 때문에 아예 회사를 인수하며 우수 인재를 흡수하는 것이다.

쿠팡은 캄씨 인수를 통해 세계적인 기술력과 실리콘밸리의 역동적인 개발 문화, 고급 기술인력을 고스란히 흡수했다. 실리콘밸리 사무실은 쿠팡 미국 사무실로 전환됐고 짐 다이 캄씨 대표는 쿠팡의 CTO로 영입돼 중국의 상하이와 실리콘밸리 오피스를 구축하는 역할을 맡았다. 캄씨 인수와 실리콘밸리 출신 CTO의 영입은 쿠팡 개발 조직의 고도화와 글로벌화에 영향을 미친 중요한 사건이었다.

유통 회사가 해커톤을 연 이유

2015년 무렵부터 개발자 커뮤니티에는 '쿠팡만큼 개발자가 다니기 좋은 회사가 없다', '개발자들의 천국'이란 평이 올라오기 시작했다. 2년 전 이미 일찌감치 시작했던 개발 조직의 애자일

개편이 여러 가지 진통 끝에 완전히 자리 잡은 덕이었다.

개발 조직 문화가 수평적이고 근무 방식도 자유로웠기 때문에 개발자들의 만족도도 높았다. 2014년경부터 실리콘밸리에서 자주 열리는 '해커톤' 행사를 매년 개최했는데 이 행사는 개발자들에게 작은 축제가 됐다. 해커톤은 '해킹'과 '마라톤'의 합성어로 개발자와 현장의 기획자가 실제 업무에 적용할 수 있는 새로운 프로그램을 만들어 내고 시상하는 개발 대회를 칭한다. 실리콘밸리에서는 일상화돼 있지만 국내에서는 일부 IT 기업을 제외하면 해커톤 문화를 갖고 있는 경우는 극히 드물었다. 하물며 유통 업체들이라면 말할 것도 없었다.

쿠팡은 매년 해커톤 대회를 열고 고객에게 더 좋은 경험을 제공하기 위한 아이디어를 사흘간 실제 시스템으로 개발하도록 독려했다. 기술적으로 중요한 개발을 하기 위해서가 아니라 직원들끼리 자유롭게 소통하고 창의적인 해법을 만들어내는 문화를 진작시키기 위한 것이었다. 고객서비스cs나 물류 등 현업에서 일하는 기획자와 개발자 몇 명이 한 팀을 이뤄서 현장에서 부딪히는 소소한 문제점이나 어려움을 해결하는 솔루션을 개발했다. 콜센터 상담원들이 해피콜 일정과 상담 처리 여부를 한눈에 확인할 수 있는 관리 시스템 같은 것들이 이런 과정을 통해 개발됐다. 일상적인 개발 루틴에서 벗어나 현업의 직원들과 머리를 맞대고 새로운 시도를 해보는 과정은 개발자들에게 활력이 되어줬다.

디지털 네이티브 정신

쿠팡은 2015년 초 서버를 작은 서비스별로 분리해서 운영하는 '마이크로 서비스 아키텍처'MSA를 자체 기술로 완성했다. 이전까지 대부분의 이커머스 업체들은 프로그램이 하나의 큰 형태로 이루어진 모놀리식Monolithic 아키텍처를 사용했는데, 이 경우 어느 한 부분에만 오류가 나도 전체 프로그램이 제대로 작동하지 않았다. 예를 들어 배송에서 장애가 발생하면 주문까지 제대로 할 수 없는 먹통이 됐다. 또한 작은 서비스를 배포할 때도 전체 품질 테스트를 해야 했기 때문에 시간과 비용을 계속 잡아먹었다. 사업 규모가 작을 때는 상관이 없지만 쿠팡처럼 급격히 성장하며 실시간으로 새로운 변화를 반영해야 하는 회사에서 이런 모놀리식 구조는 적합하지 않았다.

문제는 당시 국내에서는 MSA라는 개념 자체가 없었다는 점이었다. 쿠팡의 개발자들은 해외 사례와 관련 서적을 일일이 찾아보면서 맨땅에 헤딩하듯이 MSA를 한땀한땀 완성해 나갔다. MSA를 완성한 후에는 각 세부 서비스의 장애에 독립적으로 대처하는 것이 가능해졌다. 배송에 장애가 발생해도 주문은 정상적으로 받으면서 그사이에 빠르게 배송 문제를 복구해 고객 불편을 줄일 수 있었다. 특정 서비스에 트래픽이 늘어날 경우 전체 서버 대신 해당 서버만 늘리는 것도 가능해졌고 서비스 업데이트 역시 작은 단위별로 동시다발적으로 신속히 이뤄질 수 있었다. 쿠팡의 급격한 성장 속도에 맞춰 하루에 약 100회 이상의 업데이트와 신기능 도입도 이상 없이 실행했다.

2017년 9월에는 국내에서 처음으로 대규모 클라우드 이전에도 성공했다. 클라우드 서버는 서버 증설이나 축소 등에 유연하게 대응할 수 있어 시간이나 비용 면에서 훨씬 효율적이었고 확장성, 실시간 데이터 처리를 바탕으로 머신러닝 및 AI를 더 고도화하는 데도 유리했다. 다만 쿠팡처럼 이미 규모가 상당해진 기업의 서비스를 모두 클라우드로 이전하는 것 자체가 기술적, 비용적으로 만만치 않은 도전이었다. 실제로 2022년 기준 한국 기업의 클라우드 사용률은 경제협력개발기구OECD 평균(31.2%)보다 낮은 22.7%에 불과하다.[3] 쿠팡은 디지털 네이티브 정신을 바탕으로 향후 안정적 서비스를 이끌 초석을 일찌감치 만들어 뒀다.

대체 불가능한 역량에 집중하기

쿠팡은 집중해야 할 일과 버려도 될 일을 빠르게 판단했다. MSA나 클라우드 이전처럼, 서비스에 핵심적인 기술은 아무리 힘들어도 자체 기술력으로 직접 처음부터 끝까지 해결했다. 하지만 그러지 않아도 될 것에는 굳이 시간과 돈을 들이지 않았다.

예를 들어 고객관계관리CRM에는 전문 글로벌 소프트웨어 기업인 세일즈포스의 솔루션을 도입했다. 입점 판매자 관련 연락처, 사업자번호, 쇼핑몰명 같은 정보를 하나의 창에서 실시간으로 통합해 관리하기 위해서였다. 인재 관리를 위해서는 미국 워크데이의 인적자원관리HCM 솔루션을 도입했다. 수천에서 수만 명에 달하는 직원에 대한 평가, 보상, 승진, 급여, 복지, 교육 프로그램 제공까지 임직원의 모든 정보를 단일 플랫폼에서 관리할 수 있는 프로그램으로 인터넷동영상서비스OTT·Over The Top 기업 넷플릭스도 쓰고 있는 솔루션이다.[4]

쿠팡은 모든 것을 잘하려고 하지 않았다. 대신 반드시 잘해야 하는 일에는 사활을 걸었다. 김 의장은 "우리의 스탈린그라드는 어디인가?"라는 질문을 자주 했다.[5] 스탈린그라드는 제2차세계대전 당시 러시아군이 독일의 나치군에 대항해 필사적으로 사수한 도시였다. 막대한 희생을 치르면서도 이곳을 사수함으로써 전세를 역전시켰고 결과적으로 독일군의 패배를 끌어냈다. 기업 활동을 전투이자 전쟁으로 간주하는 그는 다른 모든 것들을 포기해도 단 한 가지 포기할 수 없는 핵심 가치가 무엇인지를 고민하며 전략적 선택을 해왔다. 우선순위를 가차 없이 정하고 거기에 집중한다는 원칙은 쿠팡의 모든 서비스에서 적용돼 왔고, 개발 분야에서도 마찬가지였다.

확고한 자기 정체성이 빚어낸 결과

쿠팡은 여러 가지 도발적인 방식으로 테크 기업으로서의 정체성을 강조하면서 기존 유통 업체들이 이해할 수 없는 행보를 보여 왔다. 실리콘밸리 기술 기업을 인수했고, 실리콘밸리와 상하이에 해외 개발 조직을 구축했으며 자체 기술력으로 MSA부터 서버의 클라우드 이전 등까지 완료했다. 이를 통해 쿠팡은 고객이 물건을 검색하고 주문한 뒤 물류창고에서 출고되어 배송되기까지의 전 과정을 추적할 수 있는 시스템을 완성했다. 이는 현재까지 쿠팡 외 국내의 어떤 기업도 구현해 내지 못한 기술이다. 구매 정보뿐 아니라 자체 물류를 통한 라스트 마일 데이터까지 방대하게 축적하고 관리함으로써 더 많은 고객을 쿠팡 생태계 안으로 끌어들일 다양한 전략을 구사할 수 있게 된 것이다.

쿠팡은 해커톤 대회를 매년 개최하거나 자바 개발자 행사 등 개발자 관련 행사를 후원하면서 테크 기업으로 자리매김하는 데도 공을 들였다. 김범석 대표는 "쿠팡에선 기술이 전부라고 해도 과언이 아닐 정도로 모든 분야에 기술이 중심에 있다"며 "쿠팡을 만든 것은 8할이 기술"이라고 강조했다.[6]

2020년부터는 개발자 컨퍼런스 '리빌'Reveal도 개최했다. 이 무렵 쿠팡의 오픈마켓에 입점한 업체는 20만 개에 달하게 됐다. 실시간으로 이뤄지는 주문에 따라 250만m^3에 달하는 100여 개의 물류센터에서 1만 5천 명의 직고용 배송 인력이 움직였다. 시애

틀, 상하이, 실리콘밸리 등 세계 각국에 위치한 1600명의 개발 인력들은 AI 머신러닝, 자동화 결제기술, 분산 컴퓨팅, 이커머스, 로지틱스에 이르기까지 전 과정을 관장하며 이 모든 과정을 빈틈없이 뒷받침했다. 쿠팡 전체 직원의 35%가 개발자였다.[7]

업의 본질을 무엇으로 보고 있느냐는 이 기업의 미래에 결정적 영향을 미쳤다. 미국에 GAFA(구글, 애플, 페이스북, 아마존)가 있다면, 한국에는 '네카라쿠배'●가 있다고들 하게 됐다. 10여 년 전이 회사의 창업자가 "우리는 IT 기업"이라고 주장할 때, 그 말을 진지하게 받아들였던 이들은 그렇게 많지 않았다. 하지만 쿠팡은 정말로 테크 기업이 됐다. 위메프나 티몬과 묶였던 소셜커머스 쿠팡이 아니라 '네카라쿠배'의 쿠팡이 말이다. 20만 개 업체의 실시간 주문을 처리하고, 70만 평에 달하는 100개의 물류센터가 오차 없이 돌아가게 하는 기술력은 처음부터 확고하게 사수해온 자기 정체성이 빚어낸 결과물이었다.

● 네이버, 카카오, 라인, 쿠팡, 배달의민족 등 구직자들이 선망하는 IT플랫폼 기업을 칭하는 용어

쿠팡에만 있는
특별한 몇 가지

쿠팡에만 있는 직군의 정체

쿠팡에는 초창기부터 '미니 CEO'라는 별명으로 불리는 프로
덕트 오너PO·Product Owner란 직군이 있었다. PO는 미국 하버드
나 스탠퍼드 MBA 출신들이 가장 선호하는 직군 중 하나로 아마
존, 구글 등 유수 글로벌 기업에서 각광받아 왔다. 하지만 국내에
서는 오랫동안 생소한 직군이었던 것이 사실이다.

'프로덕트 오너'란 것이 무엇일까. '프로덕트'는 음식 배달 서
비스나 동영상 스트리밍처럼 기술 기반으로 고객에게 제공되는
무형의 상품, 즉 어떤 서비스를 뜻한다. 프로덕트 오너는 이 서비
스를 책임지는 사람이다. 새로운 서비스가 필요한 이유에서부터

개발, 적용, 완성에 이르기까지 전 과정을 주도하고 책임진다는 뜻에서 '오너'란 단어가 뒤에 붙었다. 요약하자면, PO는 오너십을 갖고 새로운 프로덕트(서비스)를 고안해 내기도 하고 고객 반응을 바탕으로 기존 서비스를 더 효율적으로 바꾸거나 개선하는 일을 맡는 사람이다.

PO는 필요한 서비스를 스스로 설정하고 완성하기까지의 전 과정을 책임진다. 예컨대 물류 분야를 담당하는 PO라면 물류와 관련해 산적한 수많은 이슈를 정리하고 그중 어떤 일을 가장 먼저 해야 하는지 우선순위를 정한다. 또한 그 일을 왜 해야 하고 어떤 효과를 내는지, 어떻게 해야 하는지 방향을 제시한다. 특정 카테고리 내에서 업무 진행의 주도권을 갖고 있다는 점에서 최고경영자CEO와 비슷해서 '미니 CEO'라고 불린다. 하지만 CEO와는 달리 업무를 지시할 수 있는 권한이나 인사권은 전혀 없다는 점이 독특하다. 오로지 설득을 통해서 일이 되게끔 만들어 가야 한다.

지시 권한도, 인사권도, 평가권도 없는 누군가가 부서를 넘나들며 의견을 조율하고 새로운 서비스의 출범이나 개선을 이끌어 낸다는 것은 위계 서열이나 부서 이기주의가 강한 조직에서는 불가능하다. PO는 업무 성격에 따라 개발, 디자인, CS 등 이해관계가 다른 다양한 부서 간 경계를 넘나들면서 이들을 설득해 일을 시키고 성과를 내야 한다.

책임자이되 권한은 없고 오너처럼 일하나 평직원에 불과한 이 독특한 직군 제도가 유지되고 있다는 사실은 쿠팡이 일찌감치 이식한 애자일 문화의 독특성을 잘 보여준다. PO는 원래 구글, 페이스북, 아마존 등 실리콘밸리 기업들이 먼저 시작했다. 쿠팡은 국내에서 애자일과 PO 직군을 가장 발 빠르게 도입한 기업이었다. 쿠팡에 이들이 처음 등장한 것은 개발 조직을 애자일로 전면적으로 개편했던 2012년부터였다. 애자일만큼이나 PO란 직종이 생소했던 때 이들은 이미 PO를 회사 내에 두고 있었다. 초창기에는 국내 IT 대기업의 서비스기획자 출신 PO들이 많았지만, 이후로는 본격적으로 해외 유수 MBA 출신들이 쿠팡의 PO로 영입됐다.

반드시 숫자로 검증하기

책임은 있으나 권한은 없는 PO들이 일의 우선순위를 세우고 의사결정을 할 때 조직을 설득하는 가장 중요한 근거가 데이터다. 쿠팡은 초창기부터 추진하려고 하는 프로젝트가 효과가 있을지 사전 테스트를 통해 데이터로 검증하는 과정을 반드시 거쳤다. 이른바 A/B 테스트였다. A/B 테스트는 도입하려는 서비스가 실제로 효과적인지를 기존 서비스 사용자(A군)와 새로운 서비스 사용자인 대조군(B군)의 데이터를 비교함으로써 미리 검증해 보는 방법이다. 실제로 사용자들이 무엇을 더 선호하는지 수치로 확인하여 합리적인 의사결정을 하도록 돕는 것이다. 구글, 아마존, 페이스북, 넷플릭스, 마이크로소프트, 부킹닷컴과 같은 글로벌 테크 기업들은 자체적인 A/B 테스트 플랫폼을 구축하고 매년 만여 건에 달하는 테스트를 실행하는 것으로 알려졌다.

쿠팡 역시 일찌감치 자체 A/B 테스트를 구축했다. 2014년 쿠팡은 실리콘밸리 데이터기술 기업인 캄씨를 인수한 이후 실리콘밸리 오피스의 인력을 통해 자체적인 A/B 테스트 툴을 만들었다. 쿠팡의 A/B 테스트는 누구나 쉽고 간편하게 원하는 가설을 검증해 볼 수 있도록 설계됐기 때문에 모든 부서에서 일상적으로 A/B 테스트를 진행하고 의사결정하는 것이 가능했다.

쿠팡은 기술 개발의 중요성을 일찍 간파했던 것처럼, 데이터가 경쟁력의 핵심이 되리라는 점도 국내 경쟁사들에 비해 한발 빨리 인지했다. 데이터에 집착했던 대표적인 기업이 아마존이었다. 고객 행동 데이터를 분석하던 아마존은 2008년에 웹 페이지 로딩 시간과 판매 사이의 상관관계를 찾아냈다. 로딩이 0.1초 지연될 때마다 판매가 1퍼센트 감소한다는 결과였다. 2012년에는 로딩이 1초 지연되면 연간 1.6조 달러의 손실이 발생할 것이라는 결과가 나왔다. 아마존의 모든 팀은 웹 페이지가 0.6초 안에 로딩되는 것을 목표로 일하기 시작했다.[8]

데이터는 매출을 결정짓는 웹 사이트 이용 경험을 개선하는 전략뿐 아니라 다양한 곳에 활용될 수 있었다. 이커머스 마켓의 핵심 기능 중 하나인 상품 추천 기능을 고도화하는 데도 필수적인 자료였다. 아마존이나 쿠팡이 막대한 자금을 투입해 자체 물류 체계를 구축한 것 역시 데이터와 연관이 있었다. 이커머스와 물류 데이터를 한 업체가 모두 관장하고 있을 때 이들이 수립하는 전략은 쇼핑 정보만 쥐고 있는 일반 이커머스 업체나 배송 정보뿐인 택배 회사와는 차원이 다를 수밖에 없었기 때문이다. 쿠팡은 자체 A/B 테스트를 구축하는 것에서 그치지 않고 데이터 분석 전문 인력 채용에도 공을 들였다.

쿠팡에만 있는 또 다른 직군 BA

쿠팡은 2015년경부터 아예 비즈니스 데이터만 관리하는 전문 직군을 만들고 따로 채용하기 시작했다. 쿠팡에서 일하는 데이터 분석 전문가들은 비즈니스 애널리스트BA라고 불렸다. 물론 이전에도 데이터 관리나 구축 업무 등을 맡아온 개발자들은 존재했다. 하지만 BA는 각 비즈니스의 방향성을 이해하고 그 부서의 의사결정에 최적화된 데이터만을 전담한다는 점에서 차이가 있었다. 이들이 하는 일은 말 그대로 비즈니스 데이터를 계량화해 관리하는 것이다. 예를 들어 고객관리CS 부서의 BA는 전화 통화 수, 문의하는 카테고리나 상품별 숫자 등을 분류하고 수치화한다. 만약 물류 쪽 BA라면 피킹Picking(상품을 꺼내는 일)이나 패킹

Packing(상품 포장) 건수, 주문량, 필요한 인력, 생산성 등을 데이터화할 수 있다. 이들은 각 부서의 개발자나 PO와 긴밀하게 협력하면서 서비스 개선과 중요한 의사결정에 필요한 데이터를 구축하고 지원했다.

빅데이터의 중요성이 갈수록 커지면서 최근 들어 데이터 전문가를 영입하는 회사가 많아지고 있다. 하지만 쿠팡처럼 모든 부서 내에 그 부서의 데이터만을 전담하는 BA가 있는 곳은 아직도 드물다. 전담 BA들은 서비스를 개선하는 데 쓰일 수 있는 비즈니스 지표를 구체화하거나 새롭게 개발해 내고 비즈니스 인사이트를 제시하기도 한다. 양질의 데이터를 축적하기 위해 쿠팡은 사업 운영 방침이 조금만 변경돼도 BA에게 알리고 상의해서 데이터의 정확도를 유지하기 위해 애쓴다.[9]

Data-driven 조직을 만들다

쿠팡은 로켓배송을 처음 출범시킬 때부터 A/B 테스트를 진행했다. 로켓배송망을 활용해 일반 판매자들의 상품까지 위탁 처리해 주는 제트배송을 시작했을 때도 A/B 테스트를 통해 제트배송에 참여한 판매자들의 매출에 유의미한 변동이 있는지 확인했다. 쿠팡의 성공한 서비스들이 모두 A/B 테스트를 거쳐갔고 이 기술은 계속 고도화되고 있다. 쿠팡은 굵직한 신규 사업뿐만 아니라 검색·추천 로직 고도화나 개선·신규 기능 출시를 위해서도 수많은 A/B 테스트를 진행한다. 랜딩 페이지 디자인이나 카테고리 정렬에서부터 단어 선택 혹은 버튼 색깔 변경에 이르는 작은 의사결정에서도 데이터를 통해 입증된 사안만을 승인한다. 쿠팡에서는 매년 수천 개의 실험이 진행되고 있고 그 속도는 계속 빨라지고 있다.

이처럼 철저한 데이터 중심 의사결정을 지탱하는 두 축이 프로덕트 오너와 데이터 분석가, 즉 PO와 BA다. 상호보완적인 이 두 직군은 쿠팡이 추구하는 수평적인 문화와 데이터 기반의 실험 정신, 합리적인 의사결정 문화를 잘 보여준다. 애자일 조직 개편 때 처음 도입됐던 PO 직군은 쿠팡의 서비스를 개선하고 사용자 편의에 최적화된 서비스를 구현하는 데 핵심적인 역할을 수행 중이다. 2022년 기준 쿠팡에는 100명가량의 쿠팡 PO가 '책임자급 직원'으로 일하고 있다.

숫자로 의사결정하는 문화는 생각만큼 단시일 내에 자리 잡기 어렵다. 무엇보다 그것이 가능할 수 있는 인력과 인프라를 먼저 구축해 둬야 하기 때문에 조직 차원의 오랜 노력이 필요하다. 쿠팡은 창업자의 강한 드라이브를 바탕으로 초기부터 데이터 기반의 의사결정 문화를 확고하게 구축해 왔다. 덕분에 모든 일이 데이터를 기반으로 돌아가는 데이터 중심적Data-driven 문화를 갖추게 됐다. 쿠팡에서 데이터는 숫자가 아니라 문화가 됐다.

쿠팡 없이 어떻게 살았을까?

4
기술

제약을
혁신으로

김범석 의장은 쿠팡의 위상을 완전히 뒤바꿔 놓게 될 손정의 회장과의 첫 만남에서 세상에 없던 완벽한 '엔드 투 엔드' 서비스를 만들어 보겠다는 야심 찬 포부를 밝혔다. 그의 비전은 고객이 어디서 어떤 물건을 주문하든 몇 시간 내, 궁극적으론 실시간으로 배송해 주는 것이었다. 아마존도 못 해본 엄청난 시도라고 생각한 김 의장에게 손 회장이 내뱉은 첫 말은 이랬다. "꿈이 너무 작다. 더 큰 꿈을 꿔봐라."

라스베이거스에서
터진 잭팟

사명처럼 '팡!' 터진 행운

2015년 자포스 출신 임원을 쿠팡에 영입하기 위해 라스베이거스에 머물고 있던 쿠팡 이사회 멤버 벤자민 선은 김범석 의장으로부터 그 역시 라스베이거스로 오는 중이라는 전화 한 통을 받았다. 김 의장은 원래 소프트뱅크와의 미팅 때문에 샌프란시스코로 가기로 돼 있었다. 그런데 그 일정이 라스베이거스에서 휴가를 보내고 있던 손정의 회장과의 만남으로 급선회된 것이었다. 휴가 중인 거장과의 예정에 없던 만남이었다.[1]

김범석 의장은 쿠팡의 위상을 완전히 뒤바꿔 놓게 될 손 회장과의 첫 만남에서 세상에 없던 완벽한 '엔드 투 엔드'End to End(주문부터 배송까지 전 과정을 직접 제공하는 모델로 현재의 쿠팡이 로켓배송·로켓프레시 등으로 구현 중이다) 서비스를 만들어 보겠다는 야심 찬 포부를 밝혔다. 그의 비전은 고객이 어디서 어떤 물건을 주문하든 몇 시간 내, 궁극적으론 실시간으로 배송해 주는 것이었다. 고객이 스마트폰을 터치하는 순간부터 쿠팡맨(현 쿠팡친구)이 웃으면서 배송하는 순간까지 전 과정을 한꺼번에 통합하는 서비스였다. 아마존도 못 해본 엄청난 시도라고 생각한 김 의장에게 손 회장이 내뱉은 첫 말은 이랬다.

"꿈이 너무 작다. 더 큰 꿈을 꿔봐라."[2]

손정의 회장의 평소 스타일을 고려하면 쿠팡의 잭팟으로 귀결된 '휴가 중 돌발 만남'이 이례적인 경우라고 보기는 어렵다. 손 회장은 모바일 반도체 설계 회사인 ARM을 인수하기 위해 2016년 터키에서 휴가 중이던 ARM 회장 스튜어트 체임버스를 전용기를 타고 날아가 설득했다. 그로부터 2주 후 전격적으로 35조 원에 달하는 ARM사 매수 계획이 발표돼 세상을 놀라게 했다.

쿠팡의 경우에도 그랬다. 당초 일정에는 없었던 두 사람의 깜짝 만남 후 손 회장은 쿠팡 역사상, 그리고 당시 소프트뱅크 역사상 가장 큰 금액인 1조 원을 투자하기로 결정했다. 이 막대한 자금은 무모해 보였던 '로켓배송'을 집요하게 확대해 가던 쿠팡에 '후퇴 없음'을 공식적으로 선언한 사건이었다. 벤자민 선은 이때를 이렇게 회고했다.

"쿠팡이란 회사명은 '쿠폰'과 잭팟을 뜻하는 '팡'이 합쳐진 말이다. 우리의 가장 큰 행운이 라스베이거스에서 일어난 건 이상할 게 전혀 없다."[3]

손정의 회장의 통 큰 승부수

투자업계에서는 성장에 모든 걸 건 쿠팡 김범석 의장이 승부사 기질이 강한 손정의 회장과 잘 맞았을 것으로 평가한다. '철저히 1등에 집착한다'는 투자 전략을 고수해 온 손 회장은 성장할 수만 있다면 나머지는 모든 것을 불사하는 성향의 창업자만을 골라서 투자하고, 실제로 그들이 성공할 때까지 끝까지 밀어붙여 왔다. 쿠팡 역시 '무조건 1등' 전략으로 손해를 감수한 성장에 배팅해 온 기업이었다. 될 만한 유니콘 기업에 막대한 자금을 투자해 시장을 독식하는 지배자로 만들어 버리는 그의 투자 스타일에 쿠팡은 잘 어울리는 회사였다.

손 회장은 일단 투자를 결정하면 자질구레한 요소를 따지지 않기로도 유명했다. 그의 가장 성공한 투자 중 하나로 꼽히는 중국의 이커머스 업체 알리바바에 대한 초기 투자는 2000년, 만난 지 6분 만에 끝난 것으로 유명하다. 알리바바 창업자 마윈은 "만난 지 5분 만에 자기 돈을 가져다 쓰라고 해서 500만 달러를 이야기하자 5000만 달러를 가져가라고 했다"며 "그래서 중간쯤인

2000만 달러로 결정했다"고 회상했다. 손 회장은 마윈에 대해 "개와 늑대가 냄새로 같은 종을 찾듯이 본능적으로 같은 동물이라고 느꼈다"고 말했다.[4] 사우디아라비아 왕세자인 무함마드 빈 살만을 설득해 비전펀드에 450억 달러를 투자하도록 만든 시간은 45분, 위워크에 투자하는 데 걸린 시간은 불과 10분이었다. 김 의장과 손 회장의 만남 역시 30분을 넘기지 않고 끝났다고 전해진다. 물론 경영에 대한 간섭이나 투자금을 어떻게 써야 한다는 조건도 전혀 없었다.

손정의를 사로잡은 '한국의 아마존'

손정의 회장의 투자 포트폴리오는 데이터, AI 기반 기술을 가진 승차 공유와 이커머스 기업에 집중돼 있었다. 창업자의 승부사 기질도 그와 잘 맞았지만, 자체 물류를 바탕으로 데이터와 AI 기반의 배송 기술을 차곡차곡 축적하고 있는 쿠팡의 성장 전략 역시 그의 투자 포트폴리오에 적합했다.

특히 손 회장이 쿠팡에 통 크게 투자할 수 있었던 이유 중 하나는 쿠팡이 명백히 아마존과 같은 행보를 보이고 있었기 때문이다. 비록 쿠팡은 적자 기업이었지만, 적자를 유례없는 성장으로 바꾼 '아마존'이란 성공 사례가 이미 존재했다. 손 회장은 아마존에 대해서 누구보다 잘 알고 있는 투자자 중 하나였다. 그는 아마존의 지분을 인수할 기회가 있었지만 자금이 없어서 포기했던 과거 일을 후회하고 있음을 언론에 밝히기도 했다. 그는 당시 일을 언급하며 "정말 어리석었지만 이런 실수를 통해 배우게 된다"고 말했다.[5]

쿠팡을 '한국의 아마존'이라고 칭할 수 있었던 중요한 이유 중 하나는 물류에 있었다. 아마존은 2013년 크리스마스 시즌 당시 외주사였던 UPS의 배송 지연 사고로 대규모 환불 사태를 겪은 뒤부터 자체 물류에 대한 의지를 굳혔다. 일명 '크리스마스 사태'로 불리는 배송 지연 사고로 인해 외주 업체에 의존한 물류가 고객 경험을 치명적으로 훼손한다는 점을 인지한 아마존은 2015년 이후부터 페덱스, UPS, USPS 임직원 수를 추월할 속도로 관련 채용을 빠르게 늘렸다. 덕분에 2015년경 23만 800명 수준이던 임직원은 2018년 64만 7500명 수준으로 급증했다. 2016년에는 대형 화물기 40대를 임대했고 2019년에는 메르세데스 벤츠의 스프린터를 2만 대 주문해 배송 전담 인력을 확보하는 데 썼다. 2019년에는 인카 딜리버리(주문자가 무선 연결 시스템으로 차량 트렁크를 열면 택배 기사가 배송품을 넣어주는 서비스)도 시작했다.[6] 자체 물류 서비스를 강화하기 위해 관련 기술 연구와 함께 특허도 지속적으로 확보하기 시작했다.

아마존이 자체 물류를 강화한 것은 정확한 배송으로 고객 만족을 높일 수 있다는 점 외에도 외주 택배에 의존할 때보다 가격과 수익성 관리가 쉽고,* 고객 데이터를 직접 수집할 수 있다는 등의 장점이 있었기 때문이다. 쿠팡은 이보다 한발 더 나아갔다. 인구 밀도가 높은 국내 시장의 특성을 활용해 아마존보다 더 강력한 직매입 직배송 모델을 적용했고 불과 몇 년 만에 훨씬 빠른 속도로 유례없는 자체 배송 시스템을 구축했다.

쿠팡은 위기였던 때가 없었다?

소프트뱅크의 대규모 자금 투자는 잠시나마 국내에서 쿠팡을 재평가하게 했다. 그때까지 국내 스타트업 업계에서 벌어진 적 없던 사건이었기 때문이다. 하지만 쿠팡은 소프트뱅크에서 유치한 투자금 10억 달러(1조 1000억 원)를 2년 만에 다 쓰고 자본 잠식에 빠졌다. 2017년 말 자본 총계가 마이너스 2446억 원에 달했다. 시장과 언론에서는 '역시나…'라는 반응이 나왔다. 본격적인 '쿠팡 위기설'이 불거졌다.

하지만 정작 쿠팡 내부에서는 특별한 동요가 없었다. 쿠팡은 투자금을 금방 다 써버렸지만, 물류 투자라는 옳은 방향을 향해

● 아마존은 자체 매입 상품 뿐 아니라 마켓플레이스 판매자 상품까지 자체 물류망을 활용해 배송해주는 FBA Fulfillment by Amazon 비즈니스를 영위하고 있고 이로 인해 자체 물류로도 수익을 내고 있다. 전문가들은 택배 사업자 인가를 받은 쿠팡의 물류 자회사 역시 아마존과 같은 방식으로 수익을 창출할 것으로 전망해 왔다.

가고 있었기 때문이다. 테크 기업 재정의 이상 징후를 가장 먼저 알아차리고 떠난다는 이른바 '탄광 속의 카나리아' 재무부 직원들조차 평온했다. 회사에 돈이 떨어졌던 적이 한 번도 없었기 때문이다. 이른바 'GMV 성장의 마법'이었다. 쿠팡은 상품 판매액 GMV이 감소한 적이 한 번도 없는 기업이었다. 고객들이 쿠팡에서 물건을 구매하면 그 즉시 현금이 쏟아져 들어왔다. 반면, 매입 대금이나 마켓플레이스 판매자들에 대한 정산은 법적 기한 안에 시차를 두고 진행했다. 회사 안에서 언제나 적정한 현금 흐름이 유지됐다. 단, 이것은 지속적으로 매출 성장이 이뤄진다는 전제 하에서 가능한 구조였으므로 쿠팡은 성장에 모든 걸 걸었다. 적자 자체가 아니라, 성장을 멈추는 게 진짜 망하는 길이었다.

무엇보다 김 의장은 때가 되면 반드시 어디선가 투자를 받아왔다. 심지어 손 회장 주도로 만들어진 세계 최대 규모의 벤처투자펀드인 비전펀드 역시 2018년 다시 한번 쿠팡에 20억 달러 (2조 원) 넘는 추가 투자를 단행했다. 손 회장은 "쿠팡은 한국의 아마존으로 한국 이커머스에서 압도적인 1위 회사로 급성장하고 있다"며 "소프트뱅크가 이미 최대 주주이지만 쿠팡을 더욱 강도 높게 뒷받침해 나가고자 한다"고 쐐기를 박았다. 그가 점지한 새로운 승자가 쿠팡이라는 사실을 이 회사의 미래에 회의감을 품고 있는 이들에게 또 한 번 똑똑히 확인시켜준 셈이었다.

한국에서
두 번째로 큰 택배 회사

반反쿠팡 연대가 시작된 이유

"우리 빼고는 모두가 쿠팡을 싫어한다"는 말은 쿠팡 임직원들이 자주 내뱉는 볼멘소리 중 하나다. 쿠팡은 물류, 유통, 기술업계 모두의 적이다. 로켓배송으로 물류 판을 흔들었고, 저가 정책과 파격적인 환불 제도로 유통 관행을 흐트러뜨렸으며, 개발자 쓸어 담기로 기술업계에 '개발자 대란'을 일으켰기 때문이다. 결국 쿠팡만 빼고 서로 연합하는 '반쿠팡 연대'라는 용어까지 생겼다.

파격적인 저가 정책과 빠른 배송, 자유로운 반품을 고수하는 아마존은 고객 집착을 바탕으로 성장했다. 아마존이 추구하는 혁신은 고객의 기대치를 전반적으로 상향평준화 함으로써, 규모의 경쟁력을 갖추지 못한 다른 유통 업체들이 따라가기 벅찬 상황을 만들어 버렸다.[7] 부정적 의미의 '아마존 효과'Amazon Effect라고 불리는 이 비난은 '반쿠팡 연대' 결성과 맥을 같이 한다. 기존 사업 질서를 흔드는 디스럽터는 강한 저항에 부딪히기 마련이다.

쿠팡의 로켓배송은 전에 없던 실험이었다. 물건 판매를 중개하던 유통 업체가 사입을 넘어 배송까지 직접 하기 시작했다. 이 배송 혁신은 다양한 방면에 파장을 미쳤지만, 가장 먼저 위협감을 느낀 것은 직접적으로 시장을 잠식당하게 된 물류업계였다. 쿠팡만 빼고 다 똘똘 뭉치는 이른바 '반쿠팡 연대'의 출발점이 물류 분야였던 것은 그리 놀라울 게 없다.

쿠팡의 물류를 저지하라

로켓배송은 불과 1년 만에 괴물 같은 속도로 성장했다. 불가능한 사업 모델이라고 코웃음 치던 물류업계의 동요가 시작됐다. 2016년 한국통합물류협회는 쿠팡의 로켓배송을 '허가받지 않은 유상 운송행위'로 규정하고 민·형사 소송을 제기했다.

택배 회사들이 근거로 세운 것은 '자가용을 유상으로 화물운송용으로 제공하거나 운송해서는 안 된다'는 화물자동차 운수사업법 제2조 3호였다. 택배 등 물류 사업자들은 국토교통부의 허가를 받고 노란색 번호판을 단 운수 사업용 차량을 이용한다. 하지만 쿠팡의 로켓배송은 이런 허가 없는 일반용 하얀색 번호판으로 배송 행위를 했다. 택배 회사들은 쿠팡이 허가받지 않은 유상 운송행위를 불법적으로 하고 있다고 주장했다.

쟁점이 된 법안을 둘러싸고 쿠팡과 택배 회사들의 입장이 갈렸다. 쿠팡은 로켓배송은 자사 고객을 대상으로 한 무료배송이기 때문에 유상 운송행위가 아니라고 주장했다. 일부 배송비를 받는 9800원 미만 상품은 전체 배송 물량 중 0.1%에 불과하며, 그 역시 개편 중이라고 말했다.

이 소송은 3년간 이어졌다. 법원은 1심에 이어 항소심 판결에서도 쿠팡의 로켓배송이 적법하다고 판결했다. 법원은 "판매자가 본인의 필요에 따라 물건을 판매·운송하는 것은 화물자동차법에서 말하는 '화물차 운송 사업'에 해당하지 않는다"고 봤다. 즉, 쿠팡이 실제로 물류센터를 운영하면서 자신들의 필요에 의해 물건을 판매하고 운송하기 때문에 제3자의 위탁으로 무허가 운송 중개를 하는 것이 아니라고 해석한 것이다. 2심 결정 뒤 대법원에 상고를 제기했던 택배 업체들은 곧 상고 취하를 했다. 소송전은 쿠팡의 최종 승소로 끝났고 로켓배송은 합법화됐다. 이후 쿠팡은 아예 택배운송 사업을 허가받았다.

한국에서 두 번째로 큰 물류 회사

쿠팡이 물류 업체들과 소송전이라는 혹독한 신고식을 치른 건 혁신적인 서비스를 내놓은 뒤 기존 제도 및 사업자들과 갈등을 겪어온 여타의 스타트업 사례들과 크게 다르지 않았다. 2010년 미국 샌프란시스코에서 시작된 차량 공유 업체 우버는 2013년 서울에서 영업을 시작했지만, 운송영업 위반 논란과 택시업계의 반발로 2015년 한국 시장에서 철수했다. 2020년에는 한국형 우버였던 타다를 겨냥한 '타다 금지법' 통과로 인해 서비스가 종료되기도 했다.

쿠팡도 엇비슷한 홍역을 치렀지만 결과는 이들과 조금 달랐다. 법원의 판결이 결과적으로 쿠팡의 로켓배송을 합법화했기 때문이다. 쿠팡은 소송전을 치른 끝에 공식적으로 물류 회사로 발돋움하게 됐다. 쿠팡은 미국 상장신고서에 '대한민국에서 두 번째로 큰 물류 회사'라고 명시했다. 이때 쿠팡의 승소를 이끌며 인연을 맺게 된 김앤장의 강한승 당시 변호사는 2020년 쿠팡의 대표이사가 됐다.

쿠팡의 상장 이후 물류업계 전문가들은 국내에서 당일배송, 새벽배송이 전국적으로 가능한 물류망을 갖춘 회사는 쿠팡뿐이라는 결론에 이의를 제기하지 못했다. 실제로 이 무렵 나온 한 증권사의 보고서[8]에 따르면 물류센터 개수나 물동량 등에 있어서 쿠팡보다 우위에 있는 물류 회사는 CJ대한통운 정도밖에 없었다.

물동량 기준 쿠팡의 택배 시장 점유율(쿠팡 물량 포함) 추정치는 19.4%였는데 이는 CJ대한통운(40.4%)에 이은 2위였다.

물류창고 개수 역시 이미 160여 개를 상회해 다른 유통 회사들이 따라가기 힘든 규모일 뿐 아니라 물류업계 내에서도 최상위 수준이었다. 쿠팡의 물류 자회사인 쿠팡로지스틱스서비스CLS는 2021년 택배 사업자 자격을 취득해 3자 물류까지 할 수 있는 채비를 마쳤다. 이는 쿠팡이 CJ대한통운이나 한진택배가 하는 것처럼 배송 중개 역할을 맡는 택배 회사가 됐다는 뜻이었다. 쿠팡은 상장 직후부터 조달 자금 5조 원 중의 1조 원 이상을 구체화된 물류 투자 계획에 배당했다.

비난하면서 따라해야 하는 딜레마

쿠팡을 규탄하기 위해 물류업계가 연합한 것은 쿠팡의 자체 물류가 택배업계 전반에 위협과 타격이 될 수밖에 없었기 때문이다. 쿠팡이 성장할수록, 택배 회사의 일감은 줄어들 수밖에 없는 구조였다. 하지만 소송전을 치르는 와중에도 이들은 쿠팡의 로켓배송이 지속 불가능한 형태의 사업이라는 의심을 거두지 않았다. 쿠팡의 로켓배송에는 끊임없이 대규모 자금이 투입돼야 했기 때문이다. 실제로 쿠팡은 2018년 기준 연 매출이 4조 원을 웃도는 수준일 때 인건비로만 1조 원을 썼다.

유통 업체들 역시 약간의 위협감을 느끼긴 했지만 쿠팡의 로 켓배송이 가져올 결과에 대해서는 회의적이었다. 이들이 뒤늦게 라스트 마일의 중요성을 깨닫고 실제로 물류에 투자해야 함을 안 때는 쿠팡이 막대한 외부 투자 유치를 바탕으로 이미 경쟁사들이 따라잡기 힘든 격차를 벌려놓은 이후였다. 유통 업체들은 이도 저도 못 하는 상황에 놓이게 됐다. 마냥 손을 놓고 있으려니 경쟁 에서 뒤처지고, 뒤늦게 라스트 마일을 강화하려니 주문이 들어오 면 들어올수록 손해가 불어나는 구조가 된 것이다.

자체 물류 비중을 늘리고 있는 아마존으로 인해서 미국의 택 배 회사인 UPS와 USPS, 페덱스 등은 물동량 처리 비중이 계속해 서 감소 추세로 접어들었다. 쿠팡 역시 국내 물류업계에 이와 비 슷한 부담을 안겨줄 수 있다. 심지어 운수 자격을 갖춘 쿠팡은 본 격적으로 제3자 물류를 시작할 채비에 나섰다.

쿠팡의 직배송 컨테이너벨트는 이미 전국에 거미줄 같은 당일 배송망을 치고 쉴 새 없이 돌아가고 있다. 이 배송망을 구축하기 위해 쿠팡은 막대한 돈을 퍼부었고 이제 그들이 해야 할 일은 이 미 전국에 깔려 있는 이 컨테이너벨트 위에 더 많은 상품을 부지 런히 올려놓는 것뿐이다. 쿠팡은 단순한 유통 기업이 아니라, 모 두를 향해 칼을 겨누는 회사가 됐다. 반쿠팡 연대의 출발인 물류 회사들과의 소송전은 곧 시작될 새로운 이야기의 예고편에 불과 했다.

최적의 제품을
골라드립니다

디스커버리 피로도를 해결하라

쿠팡이 로켓배송을 처음 시작했던 이유는 명확했다. 고객의 가장 큰 '페인 포인트'를 없애겠다는 것이었다. 기존의 온라인 쇼핑은 결제를 완료하는 순간부터 '언제쯤 배송될까?' 하는 걱정이 시작됐다. 로켓배송이 생긴 이후 고객들은 적어도 쿠팡에서 주문한 상품에 대해서는 주문 후 잊어버리는 게 가능했다. 쿠팡은 안전한 익일배송 약속을 지켰기 때문이다. 다음 날이면 어김없이 주문한 상품이 현관 앞에 배송돼 있었다. 쿠팡은 고객과의 바로 '그 약속'을 어떤 일이 있어도 지켜내기 위해서 적자를 감수한 직매입 직고용의 막대한 투자를 한 것이었다.

하지만 쿠팡이 직매입하지 않은 일반 판매자 상품을 살 때는 여전히 불편한 점이 남아 있었다. 당시 오픈마켓에서는 면도기 같은 특정 상품을 검색할 경우 모든 판매자가 올린 수천 개의 동일한 상품이 검색 결과에 떴다. 고객들은 그중에서 어떤 판매자의 상품을 선택해야 하는지 혼란을 느낄 수밖에 없었다. 판매자들마다 내세우는 가격과 배송 조건도 제각각이었다.

고객들은 간단한 물건을 하나 구매할 때도 몇 페이지씩 리스트를 뒤져가며 상품을 골라야 했다. 주로 포털 업체나 오픈마켓에 광고비를 지급한 상품이 가장 상단에 노출됐다. 이 경우에는 상단에 노출된 상품을 선택하는 것이 고객에게 유익하다는 보장이 없었다.

쿠팡의 미션은 '쇼핑할 때 고객의 모든 걱정을 없애주자'는 것이었다. 배송 걱정을 없앴으니 다음으로는 주문할 때 생기는 디스커버리discovery의 피로도를 줄일 필요가 있었다. 쿠팡은 당시 G마켓, 11번가 등 기존 오픈마켓과는 다른 상품 노출 방식을 고안하기로 했다. 쿠팡은 경쟁사와의 차별점으로 데이터를 기반으로 가장 좋은 고객 경험을 주는 단 하나의 상품만 선정해 고객에게 노출하기로 했다. 아마존이 그랬듯 말이다.

아마존 바이박스와 쿠팡의 아이템마켓

로켓배송을 시작한 지 2년 뒤인 2016년, 쿠팡은 마켓플레이스 비즈니스인 '아이템마켓'을 런칭했다. 아이템마켓은 여러 판매자가 같은 상품을 등록했을 때 가장 좋은 조건을 가진 하나의 대표 상품인 '아이템 위너'만 상품 페이지에 노출돼 판매하는 시스템이었다. 해당 제품의 재고가 없는 때에만 후순위 판매자에게 기회가 넘어갔다. 쿠팡은 아이템마켓의 알고리즘이 단순히 '저렴한 가격'만을 기준으로 운영되지 않도록 했다. 상품 가격, 배송 조건, 고객 만족도 등 고객 경험에 영향을 줄 수 있는 부분을 종합적으로 고려해서 노출 순서가 수시로 바뀌도록 했다.

쿠팡이 이런 방식을 고안한 이유는 소비자들의 구매 비용과 시간을 절약시키기 위해서였다. 알고리즘을 활용해 최적의 상품을 추천해 줬기 때문에, 고객들은 직접 똑같은 상품을 여러 개 보면서 서로 다른 가격, 배송 조건을 일일이 비교하는 스트레스를 겪을 필요가 없었다.

이런 방식은 미국의 아마존이 바이박스란 이름으로 먼저 시행하고 있던 제도였다. 아마존은 1999년 마켓플레이스 사업을 시작한 이후부터 가장 좋은 조건으로 판매하는 한 명의 판매자를 실시간으로 자동 선정해 노출했는데, 이를 바이박스 위너BuyBox Winner라고 불렀다. 가격, 배송, 재고, 고객 응대 등을 알고리즘으로 자동 평가해 고객들에게 가장 좋은 조건의 판매를 노출해 주는 것이다. 쿠팡 역시 아마존처럼 상품의 기본 정보를 동일하게 세팅한 뒤에 그 상품을 판매하는 판매자들을 붙여서 경쟁하는 형태의 시스템을 구축했다.

아이템마켓 뒤의 숨은 기술력

바이박스든 아이템마켓이든 원리는 간단했다. 고객이 가장 편리한 방법으로 최적의 판매자 상품을 찾아 구매하게 하자는 것이었다. 하지만 다른 온라인 쇼핑몰들이 이 방식을 섣불리 적용하지 못하는 데는 이유가 있었다. 이를 실제로 구현하기 위해서 해결해야 할 기술적 과제들이 결코 만만한 것이 아니었기 때문이다.

가장 큰 문제는 상품을 동일한 아이템별로 분류하는 것 그 자체였다. 예컨대 수많은 판매자가 입력해 둔 상품명이 모두 제각각이었기 때문에 무엇이 '그 아이템'인지를 분류할 기준이 없었다. 일일이 상품 사진을 눈으로 보고 같은 상품인지 여부를 판단해야 했는데 쿠팡에서 일반 판매자들이 파는 상품만 수억 개에 달했다.[9]

쿠팡은 정면 돌파를 택했다. 2014년경부터 메타 정보를 기반으로 모든 상품의 카탈로그를 만드는 작업을 시작했다. 예를 들어 보통의 오픈마켓에서는 '운동화'라는 큰 카테고리 기반으로만 제품을 등록했다. 하지만 쿠팡에서는 '노란색 운동화 260mm'처럼 정확한 속성을 기반으로 제품을 등록시켰다. 쿠팡은 이것을 일반적인 제품(프로덕트)과 구분되는 개념으로 '아이템'이라고 불렀다. 상품을 이렇게 아이템 기반으로 등록해 두면, 고객들이 찾고 있는 제품을 검색 결과에 정확히 담아 보여줄 수 있었다. 또한 어떤 속성의 제품이 얼마나 판매되고 있는지와 관련한 모든 데이터를 손쉽게 확인할 수 있었다.

카탈로그 제작의 효과는 강력했다. 판매자가 누구든 물건의 정보 자체는 동일했기 때문에 제품 페이지를 끝없이 나열할 필요 없이 단 하나만 보여주면 됐기 때문이다. 판매자가 제각각의 상품 카탈로그를 올리는 것이 아니라, 쿠팡이 소유한 동일한 상품 카탈로그에 서로 다른 판매 조건을 가진 판매자들을 경쟁시키는

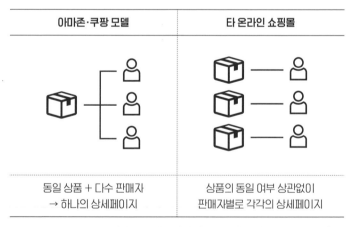

아마존·쿠팡 모델	타 온라인 쇼핑몰
동일 상품 + 다수 판매자 → 하나의 상세페이지	상품의 동일 여부 상관없이 판매자별로 각각의 상세페이지

아마존·쿠팡 모델과 다른 온라인 쇼핑몰의 판매 방식 차이

형태가 가능해졌다.

또한 마스터 정보가 없는 새로운 상품이 등록될 경우에는 이미 저장된 다른 자료를 바탕으로 자동으로 마스터 정보를 담은 카탈로그가 생성되는 프로덕트 매칭 기술도 자체 개발했다. 쿠팡은 이렇게 모든 상품을 아이템 기반으로 등록하고 관리하는 체계를 갖추기 시작했다. 상품 정보는 항상 동일하고, 판매 조건만 달라졌다. 한번 이런 시스템이 구축되면 배송 속도나 지연 유무, 가격 등에 따라 실시간으로 가장 좋은 판매자를 추천하는 일이 가능했다.

소셜커머스와 결별하다

사실 아이템 방식의 상품 구조 개발이 처음 시작된 계기는 김범석 의장이 보고 싶다고 요구했던 '간단한 데이터' 한 가지 때문이었다. 어느 날 개발 팀을 찾아온 김 의장은 엑셀 시트 하나를 불쑥 내밀었다. 그가 보고 싶어 하는 데이터가 정리된 표였다. 김 의장은 "지난 분기에 노란색 티셔츠가 몇 장 팔렸는지에 대한 데이터를 보고 싶다"고 말했다. 요구 사항 자체는 간단했지만, 기존의 상품 등록 구조로는 파악이 불가능한 데이터였다. 이 데이터를 확보하기 위해서는 모든 상품을 대분류가 아니라 색상, 사이즈 등 정확한 속성이 가미된 상태로 분류하고 등록해야 했기 때문이다. 판매 중인 수십억 개의 제품 등록을 다 바꿔야 하는 엄청난 일이었다. 김 의장은 아마존처럼 원할 때는 언제든지 그런 데이터를 추출할 수 있게 운영 방식이 바뀌어야 하는 이유를 개발자들에게 직접 설득시켰다.

아이템마켓의 발상은 매우 간단했지만, 실행 과정은 2년여에 걸쳐 진행된 결코 녹록지 않은 전환이었다. 기술적으로도 고난도였을 뿐 아니라 복잡한 이해관계로 인한 어려움도 있었다. 마스터 데이터를 구축하기 위해서는 일반적인 오픈마켓과 달리 훨씬 복잡한 상품 등록 과정을 요구해야 했다. 가능한 많은 판매자를 확보해야 하는 영업 직군에서는 불편한 등록 과정 때문에 판매자를 놓칠 수 있다며 회의적인 반응을 보였다. 지나친 가격 경쟁을 유도한다는 등의 일부 판매자의 반발이 생기기도 했다. 하지만 쿠팡은 아이템 위너 선정이 기존의 광고비 경쟁 방식보다 셀러들 간의 건강한 긴장 관계와 고객 경험을 더 높일 수 있는 방식이라고 보고 이러한 변화를 밀어붙였다.

아이템마켓을 구축한 쿠팡은 좋은 제품을 공급해 호평받으면 별도의 광고료를 내지 않더라도 대표 상품으로 노출될 수 있도록 했다. 정식 서비스 런칭 전 시범 서비스 기간에는 월 매출이 200만 원에서 2억 원으로 100배 급증하는 판매자가 나왔고 비슷한 사례들도 늘었다. 좋은 조건의 상품을 팔기만 하면 별도의 광고료를 내지 않아도 대표 상품 페이지가 떴기 때문에 신규나 소규모 판매자들도 얼마든지 창업에 도전할 수 있었다. 이미 쿠팡에서 판매되고 있는 제품을 소싱해서 팔 때는 상품 정보를 굳이 새로 등록할 필요도 없었다.[10]

로켓배송만큼 대중적으로 유명하지 않지만, 사실 아이템마켓은 쿠팡의 역사에서 로켓배송만큼이나 중요한 전환점이 된 사건 중 하나였다. 아마존의 양대 축이 풀필먼트 서비스와 마켓플레이스(오픈마켓)이라면, 쿠팡 역시 아이템마켓 도입으로 이 구조를 동일하게 갖추게 된 셈이었기 때문이다. 무엇보다 이로써 온라인 쇼핑 고객의 가장 큰 페인 포인트였던 배송과 디스커버리 문제를 모두 해결하게 됐다.

아이템마켓을 런칭한 이후 쿠팡은 모든 소셜커머스 딜을 공식적으로 종료시켰다. 2010년 8월 창업한 이후부터 달고 있던 '소셜커머스'란 꼬리표를 마침내 떼어 낸 것이었다. 새로운 고객 경험을 만들겠다는 쿠팡의 시도는 물류에서는 로켓배송으로, 디스커버리 측면에서는 아이템마켓을 통해 상호보완적으로 완성됐다. 명실상부한 아마존 모델로의 진화는 로켓배송으로 출발해 아이템마켓으로 완성됐다.

고객 경험을 망치는
주범을 처단하라

쿠팡 이전의 평범한 쇼핑 경험

온라인 쇼핑은 오프라인에 비해 간편했지만 구매와 배송, 교환과 반품 등의 각 단계에서 일어날 수 있는 컴플레인(불만)의 여지는 오히려 훨씬 많았다. 싱싱한 유기농 청경채 사진을 보고 주문했지만 배송 온 건 다 시들어 빠진 제품이라거나, 상품이 발송됐다고 나오는데 배송은 감감무소식인 일이 수시로 벌어졌다. 게다가 각 단계에서 일어나는 문제를 처리하기 위해 각 업체가 고안해 둔 번거로운 과정은 온라인 쇼핑을 성가신 일로 만들었다.

특히 골치 아픈 일이 환불이었다. 상품에 문제가 있어도 환불을 받기 위해선 사진을 찍어 하자를 증명해야 하고, 통화량이 많아 연결되지 않는 고객센터에 계속 전화해 항의해야 했다. 고의 및 착오 등으로 환불이 지연되기도 했다. 한국소비자보호원에 2016~2020년 접수된 피해 구제 신청은 총 6만 9452건으로 연도별로 매년 증가했다. 계약 불이행·계약 해제·해지·위약금 등 계약 관련 피해가 63.6%(4만 4189건)로 가장 많았다.

온라인 쇼핑과 관련해 소비자의 불쾌한 경험이 집중되는 분야 역시 환불, 반품 등이었다. 한국은 쇼핑몰의 환불이 늦어질 경우 법정 지연이자를 지급하게 하는 제도를 두고 있지만, 구매 금액과 환불 과정에서 번거로운 수많은 절차를 생각하면 만족할 만한 수준이라 하기 어려웠다. 예컨대, 32만 원가량의 의류를 샀다가 한 달간 환불을 못 받을 경우의 최대 보상액은 법정 지연이자(구매 금액의 15%)의 한 달 치인 4000원에 불과했다. 환불 지연으로 인한 스트레스, 피해 구제 신청 과정에서의 끝없는 문서 작업과 전화 통화, 각종 실랑이 등을 거친 끝에 운이 좋으면 겨우 얻어낼 수 있는 금액이었다. 이것이 쿠팡 이전에 모두가 받아들이고 살던 온라인 쇼핑 경험이었다. 복잡하고, 느리고, 불만족스러웠다.

온라인 쇼핑의 복잡성을 제거하라

쿠팡은 온라인 쇼핑에 이처럼 고객 경험이 치명적으로 훼손되는 여러 위험 요소가 가득하다는 점을 간파했다. 물건을 구매할 때까지 극진한 대접을 받던 소비자는 결제를 마친 순간부터 노심초사하는 신세로 전락했다.[11] 쿠팡은 그 사실을 인지한 데서 그치지 않고 실제로 온라인 쇼핑에서 소비자들이 느끼는 불편함을 모조리 제거해 버렸다. 이렇게 다 없애도 되나 싶을 정도의 파괴력으로 말이다. 가장 먼저 반품, 환불 과정의 복잡성을 없앴다. 김범석 의장은 상장 당시 외신과의 인터뷰에서 "주문한 물건이 마음에 들지 않을 경우 포장할 필요 없이 문 앞에서 돌려보낼 수 있다"며 "쿠팡친구(배송 기사)가 문 앞에서 버튼을 몇 번 눌러 물품을 스캔하면 바로 환불이 완료되는 구조"라고 자랑했다.

실제로 쿠팡은 환불할 때 상품만 훼손 없이 수거되도록 문 앞에 놓아두게 했다. 구매 취소나 반품 신청은 클릭 한 번으로 가능했다. 회수도 배송과 마찬가지로 쿠팡에서 직접 진행했기 때문에 반품 신청이 배송 업체로 전달되는 과정에서 생기는 누락과 지연도 없었다. 로켓배송 상품의 경우는 30일 이내에 언제든 무료반품이 가능하게 했다. 반품 물품은 수거와 동시에 바로 환불 완료 안내가 떴다.

이 과정에서 불편 사항이 생기면 주말·공휴일 구분 없이 365일 운영되는 고객센터에 문의해 바로 답변을 받을 수 있었다. 1:1 온라인 문의로 민원 접수할 경우 최대 24시간 내 답변 완료됐다. 쿠팡의 절차 간소화 중 가장 놀라운 건 특히 컴플레인에 대한 대처 속도였다. 쿠팡은 배송과 환불 절차에 있어서도 그렇지만 특히 자사에서 구매해 발생한 문제에 대해서는 신속함을 넘어 광적인 대처 속도를 보여줬다. 쿠팡 초창기에는 이처럼 신속하고 빠른 문제 해결로 최상의 고객 경험을 제공하기 위해 고객센터 상담사에게 상당한 재량권을 부여했다. 상품 불량 문제가 있을 경우 상담사가 직접 사후 서비스를 대행해 주거나, 상담사 권한으로 퀵서비스를 이용해 상품을 전달하기도 했다.

악용할 정도로 편한 즉시환불 제도

고객 중심주의적 정책으로 유명한 자포스는 고객이 사이즈가 다른 여러 켤레의 신발을 주문해 착용해 보고 무료반품케 하는 파격적인 서비스를 시행한 것으로 잘 알려져 있다. 쿠팡에서는 환불이 무료(로켓와우 회원의 경우)인데다 절차가 간편해 의류나 신발을 여러 개 구매한 뒤 맞는 상품을 제외한 상품을 반품하는 소비자들이 많았다. 환불의 복잡성을 제거하는 것만으로도 자포스식 혁신이 자연스럽게 이뤄진 셈이었다.

물론 환불 제도가 워낙 간단하다 보니, 무료반품과 즉시환불의 허점을 악용하는 사례도 적지 않았다. 인천에 사는 30대 여성 A씨는 2018년 5월부터 7개월간 160만원짜리 스마트폰을 비롯해 총 525차례에 걸쳐 쿠팡에 허위 반품을 해 2260만 원어치 물품을 챙겼다. 이 여성은 배송 담당 직원이 반환할 물품을 수령하기만 하면 즉시 대금을 돌려주는 쿠팡의 선환불 정책을 악용했다. 물건을 주문해 배송받은 후 내용물은 빼낸 뒤 포장만 다시 해 빈 상자로 반품을 신청하고, 직원이 이를 수령하는 즉시 돈을 돌려받는 수법을 쓴 것이었다. 20대 여성 B씨도 같은 수법을 썼다. 2018년 12월 134만 원 상당의 아이패드를 비롯해 6개월간 113회에 걸쳐 총 2350만 원의 상품을 주문한 뒤 허위 반품해 부당 이익을 챙겼다.

쿠팡의 선환불 제도를 악용한 '블랙 컨슈머'에 대한 기사는 도처에서 심심치 않게 등장했다. 일부 소비자들은 30일 이내에만 환불 신청을 하면 무조건 받아주는 쿠팡의 관대한 환불 제도를 악용해 물건을 쓰고 다시 반품하는 등의 노하우를 온라인에 공유하기도 했다. 하지만 쿠팡은 일부 악용 사례로 인한 비용 손실을 감안해도 대다수의 선량한 소비자들이 얻는 이익이 훨씬 크다는 판단에 파격적인 환불 제도를 고수했다.

고객에게 베푼 호의는 반드시 되돌아온다

2008년 한 남성은 크리스마스를 앞두고 아마존에서 아들에게 줄 깜짝 선물로 500달러짜리 플레이스테이션을 주문했다. 하지만 크리스마스를 앞둔 주말이 되도록 선물이 도착하지 않았다. 걱정이 돼 확인해 보니 아마존은 예정 날짜대로 배송을 했지만 크리스마스 시즌이면 활개 치는 좀도둑이 몰래 훔쳐간 것이었다. 남자는 소용없을 것을 알면서도 답답한 마음에 아마존 고객센터에 전화 걸어 하소연을 했다.

이 전화에 대한 아마존의 대응은 놀라웠다. 모든 비용을 회사가 감당하고 무료배송으로 새 선물을 빠르게 보내줬다. 아마존으로부터 말 그대로 '크리스마스 선물'을 받게 된 것이었다. 남자는 마침 신문사 기자였다. 그는 이 인상적인 경험을 기사로 썼고 아마존은 플레이스테이션 한 대값과 비교할 수 없는 광고 효과를 누렸다.[12]

아마존 창업자 제프 베이조스는 "한 명의 고객에게 베푼 호의는 백 명의 고객을 데리고 온다"고 강조했다. 실제로 '고객 집착'을 실천하는 기업들은 고객에게 베푼 호의는 어떤 식으로든 되돌아온다는 것을 믿는다. 쿠팡은 이미 창립 초기부터 '7일 내 100% 환불 정책'이나 '미사용 쿠폰 환불제' 등 고객 중심적인 제도들을 선보여 왔다. 블랙 컨슈머들이 악용할 것이란 우려는 그때부터 많았지만 김범석 의장은 "소수의 나쁜 소비자들 때문에 대다수 선량한 소비자들이 손해를 봐서는 안 된다"는 원칙을 고수했다.[13]

고객 편의와 부정행위의 절충점 찾기

'즉시환불 제도'를 악용해 고가 제품을 탈취하는 사례가 갈수록 많아지면서 최근 쿠팡의 환불 정책에도 미묘한 변화가 생겼다. 악용할 만큼 편리한 환불 제도가 수익성 개선이 당면 과제가 된 쿠팡의 리스크 요인으로 대두됐기 때문이다. 최근에는 직원 중 일부가 즉시환불 후 수거한 상품 관리가 미비한 점을 악용해 수억 원의 상품을 빼돌리다 적발되기도 했다.

다른 기업과 달리 적어도 이 문제는 쿠팡의 입장에선 딜레마다. 소비자와 직원들의 도덕적 해이를 막기 위해 환불 정책을 강화하면 오늘의 쿠팡을 만든 특장점인 고객 편의를 해칠 우려가 있기 때문이다. 쿠팡은 즉시환불 금액에 상한을 두는 방식으로 두 가지 상충하는 목표 사이에서 절충안* 찾기에 나섰다. 예컨대 10만 원 이상의 제품은 상품을 검수한 후 문제가 없을 시에 환불을 해주는 것으로 바꿨다. 대신, 그 미만의 제품은 이전처럼 즉시 수거와 동시에 환불해 준다. 부당한 출혈을 줄이는 동시에 선량한 소비자들의 고객 경험을 해치지 않는 '광적인 간소함'을 유지하기 위해서다. 긍정적인 건 그간의 '묻지마 환불'에 추가적인 제한 장치를 두기 시작한 쿠팡의 정책 변화에 대한 고객들의 저항

● 2021년, 10만 원 이상 제품은 제품 검수 후 환불로 정책을 수정했고 2022년, 포장 · 라벨 훼손 제품의 반품이 불가함을 공지했다.

이 생각보다 낮다는 점이다. 그렇게 해도 여전히 쿠팡만큼 빠르고 편리한 환불 제도를 운영하는 곳이 없기 때문이다.

고객 집착에 대한 뚜렷한 신념은 설령 당장은 누군가 악용하고 적자가 날지라도 고객 우선주의를 고수해 온 바탕이 됐다. 일부의 악용이 없었던 건 아니지만, 어쨌든 쿠팡이 고객에게 베풀었던 호의의 결과는 모두가 확인 중이다. 쿠팡을 한 번도 쓰지 않은 사람은 있지만, 한 번만 쓰는 사람은 없다.

아마존의 과거에
쿠팡의 미래가 있다

높아지는 아마존과의 싱크로율

쿠팡은 로켓배송과 아이템마켓을 양대 축으로 한 아마존 모델로의 큰 변신을 마친 뒤 집요하게 아마존이 걸어간 길을 좇아가기 시작했다. 직매입과 직배송을 시작한 이후부터 쿠팡은 아마존의 모든 것을 복사하듯 따라 했다.

아마존에 오픈마켓인 마켓플레이스(1999년)가 있다면 쿠팡에는 아이템마켓(2016년)이 있었다. 아마존은 고객의 선택을 돕기 위해 같은 상품을 판매하는 수많은 판매자 중에서 가장 믿을 만한 판매자를 '바이박스 위너'란 서비스를 통해 한 곳만 추천해 줬는데, 쿠팡 역시 이를 모방한 '아이템 위너' 제도를 만들었다.

예리한 전문가들은 쿠팡의 다음 주력 행보가 무엇일지를 비교적 정확히 예측했다. 아마존이 걸어온 길을 보면 쿠팡이 걸어갈 길이 보였기 때문이다. 아마존이 멤버십 서비스로 아마존 프라임 (2005년)을 운영했듯이, 쿠팡은 이를 모방한 로켓와우클럽 (2018년)을 선보였다. '아마존플렉스'의 쿠팡 버전인 '쿠팡플렉스', '아마존프레시'를 차용한 '로켓프레시' 등도 똑같이 출범시켰다. 아마존의 과거에는 쿠팡의 미래가 있었다.

	아마존	쿠팡
마켓플레이스	마켓플레이스	아이템마켓
멤버십 서비스	아마존 프라임	로켓와우
풀필먼트	FBA Fulfillment by Amazon	FBC Fulfillment by Coupang
캐시카우	아마존 웹 서비스	(상장 전까지) 소프트뱅크

'닮은 꼴' 아마존 vs 쿠팡 [14]

SPC Selection, Price, Convenience 원칙

아마존 창업자인 제프 베이조스는 리테일 사업의 핵심을 SPC Selection, Price, Convenience(선택, 가격, 편의)란 단어로 간명하게 정의했다. 제프 베이조스는 10년이 지나도 아마존 고객들은 다양한 상품과 낮은 가격, 빠른 배송을 원할 것이라고 생각했다. 이것이 제프 베이조스가 생각하는 리테일 사업의 '본질'이었다.

쿠팡 역시 아마존이 '유통업의 본질'로 정의 내린 SPC에 충실한 전략을 썼다. 상품 구색을 최대한 확대하고 최저가로 고객의 편의를 확대한다는 원칙이었다. 유통 업체로부터 고객이 바라는 가장 큰 감동은 꼭 필요한 물건을 꼭 필요한 시기에 맞춰 구입할 때 일어나기 마련이었다. 아마존이 세상 모든 것을 팔게 된 이유 역시 여기에 있었다. 고객이 원하는 것은 아마존 내에서 다 살 수 있게 해주는 것이야말로 그들의 미션인 '세상에서 가장 고객 중심적 회사'를 만드는 제일 기초적인 일이라고 봤기 때문이었다.

SPC는 간명한 원칙이었지만 실제로 구현하기는 쉽지 않았다. 온라인 업체라고 해서 무한 매대endless shelf가 아니었다. 상품 구색SKU·Stock Keeping Unit을 무작정 늘리다 구매 빈도와 매출 비중이 낮은 상품 관리에 더 큰 비용이 들 위험이 있었다. 하지만 쿠팡은 판매 상품 확대에 공격적으로 나섰다. 활성 고객과 신규 고객 지표를 마진보다 중요하게 여긴 쿠팡에서 상품 구색 확충은 가장 중요한 과업 중의 하나였다. "이구아나를 키우는 사람이 쿠팡을 검색한다면 이구아나 먹이를 살 수 있어야 한다"는 것이 쿠팡의 목표였다.

상품 구색 확대를 집요하게 추구한 결과 2021년 기준 쿠팡의 직매입 상품은 600만 개 이상에 이르게 됐다. 이마트 8만 개, 마켓컬리 3만 개 수준임을 감안하면 비교하기 어려운 격차가 생겼다. 이는 앙증맞게 포장된 어린이집 생일 답례품부터 어깨끈이 있는 물통, PVC 소재의 실내화와 미니 빗자루 세트까지 어떤 것이 필요하든 검색만 하면 쿠팡에 모두 있다는 뜻이기도 했다. 상품 구색은 고객 경험을 압도적으로 증진해 온 중요한 도구일 뿐 아니라 무서운 매출 성장의 비결이 됐다.

누구나 하루 만에 최저가로

쿠팡은 SPC 원칙에 의거해 최저가 원칙을 고수했다. 기술 투자를 통해 포털에서 자동 검색되는 금액 중 가장 저렴한 가격에 맞춰서 자사 노출 가격이 수시로 조정되도록 했다. 쿠팡이 상품 구색과 배송 측면에서 막강한 인프라를 확보하고 있음에도 최저가 정책을 고수하는 이유는 고객 경험을 높이기 위해 가장 중요한 것 중 하나가 가격이라고 생각했기 때문이다. 이들은 수백만 개의 상품 구색과 익일배송의 서비스를 제공하면서 동시에 가격 측면에서도 고객에게 유리한 정책을 고수했다. 번거롭게 최저가를 검색해서 비교해 본 뒤 쇼핑하지 않아도 되게끔 한 것이다. 쿠팡은 상장신고서에도 직소싱直Sourcing(판매 상품 직접 구매)을 통한 유통마진 절감, 대량 구매, 프로세스의 효율화 등으로 고객에게 가장 저렴한 가격에 상품을 공급하는 정책을 유지하고 있다고 설명했다.

또한 로켓배송 이용자들은 누가 어떤 물건을 사든, 모두 바로 다음 날까지는 물건을 수령할 수 있다는 동일한 약속을 받을 수 있었다. 매입, 출고, 배송까지 전 과정을 통솔할 수 있게 된 쿠팡은 '내일 도착' 혹은 '내일 오전 7시 전 도착 보장'이란 문구를 정확히 썼다. SPC의 세 가지 요소가 합쳐진 결과는 쿠팡의 무서운 성장이었고 쿠팡에 록인Lock in된 수많은 고객은 그 성장의 수혜자인 동시에 목격자였다.

쿠팡이 본 쿠팡의 미래

고객 감동은 충성 고객으로, 충성 고객은 매출 성장으로 되돌아왔다. 쿠팡이 2021년 제출한 상장신고서에 따르면 쿠팡의 충성 고객인 로켓와우 회원은 일반 회원보다 4배 이상 많은 돈을 썼다. 쿠팡이 출시한 로켓와우 서비스는 월 회비를 내는 대신, 로켓배송의 예측 가능성을 훨씬 강화한 서비스였다. 로켓와우 회원에게는 다음날 오전 7시 전까지 배송하는 새벽배송 서비스를 제공할 뿐 아니라 구매 금액과 상관없이 무제한 무료배송, 무료반품, 30일 내 환불이 가능했다. 고객 편의를 극대화한 정책은 한번 쿠팡을 써본 이들을 이 플랫폼에 계속 붙들어 놓는 효과를 냈다. 고객 재구매율은 2020년 기준 90%에 달했다. 쿠팡을 오래 쓸수록 이곳에서 쓰는 돈도 많아졌다. 2016년 쿠팡을 처음 쓴 고객은 2017년 첫해 구매액의 1.37배, 2018년에는 1.8배를 썼고

2020년에는 3.5배를 썼다.

지금까지 쿠팡의 미래에 관한 대부분의 답은 아마존의 과거에 있었다. 쿠팡은 "소름 끼칠 정도로 잘 따라 한다"는 평가를 받으며 착실히 '아마존 웨이'를 뒤쫓았고 그 결실을 거뒀다. 그렇다면 앞으로는 어떨까. 유통 산업의 격변 속에서 많은 기업이 새로운 활로를 모색하기 위해 안간힘을 쓰고 있지만, 흥미롭게도 쿠팡이 보고 있는 '쿠팡의 미래'는 아마존의 과거를 다시 되짚어 올라가는 것만큼 여전히 너무나 단순하고 명료해 보인다. 쿠팡이 제출한 상장신고서에서 제시한 총 다섯 가지 '미래 전략' 중 처음의 두 가지는 다음과 같았다.

○ 더 많은 고객을 유입시킨다. Attract more customers.
○ 고객 관여를 증가시킨다. Increase Customer Engagement.

그들의 답은 이번에도 '고객'이었다.

리틀 쿠팡의 탄생

▲ 쿠페이가 등장한 이유

▲ 와우 멤버십으로 '록인'

▲ 배달과 OTT 신사업 진출

▲ 흑자의 비결, 플라이휠

추진력을
높이는 법

소셜커머스로 출발했던 회사가 테크놀로지 기반의 이커머스 회사로 진화한 것처럼, 지금은 누구도 예상할 수 없는 방향으로 어떤 신사업이 이 회사를 또 한번 피보팅pivoting 하게 만들지 알 수 없다. 쿠팡이츠나 쿠팡플레이가 증명한 가장 중요한 사실은 그 변신의 가능성이기도 했다.

두 달 만에 만들어 낸 쿠페이

편리한 쇼핑의 마침표를 찾다

"복잡함이야말로 스케일과 속도, 고객 경험을 망치는 주범"[1]이라고 믿어온 쿠팡은 고객이 쇼핑 과정에서 느끼는 다양한 불편을 거침없이 제거하는 데 꾸준히 공을 들여왔다. 로켓배송을 통해서 고객 컴플레인이 쏟아질 수 있는 배송 전 과정의 품질을 통제했고, 아이템 위너란 제도를 통해서 고객의 검색 피로를 줄였다. 이제 마지막 남은 방해물은 결제 시스템이었다.

한국은 온라인 결제가 복잡하기로 악명 높았다. 한국에서는 1990년대부터 인터넷 쇼핑몰에서 결제할 경우 보안을 이유로 공인인증서와 마이크로소프트 웹 브라우저 기반의 액티브 엑스 사용이 강제돼 왔다. 이는 중국의 '알리페이', 미국의 '페이팔'과 같은 혁신적인 금융 서비스가 나오지 못하게 된 원인으로 지목됐다. 직구 등 국경 없는 소비가 보편화되는 인터넷 시대에 혁신을 저해하는 폐쇄적인 결제 시스템 문제는 사회적으로 점차 공론화됐다. 2015년 금융당국은 공인인증서 의무 사용 규제를 폐지했다. 그리고 간편결제에 진출하는 금융 회사들이 하나둘 등장하기 시작했다.

쿠팡은 그해 하반기부터 오픈마켓인 아이템마켓을 출범시키면서 전자지급결제대행업PG·Payment Gateway과 관련한 라이선스 취득을 준비하고 있었다. 수많은 판매자를 대상으로 결제를 대행하고 직접 대금을 정산하기 위해서는 PG와 관련된 금융 라이선스 취득이 필요했기 때문이었다. 결제 시장에 발을 내민 상황에서 막 발아하고 있던 간편결제 시장은 쿠팡으로서는 절대 놓칠 수 없는 새로운 기회였다.

꿈은 무모할 만큼 크게 꾸는 게 좋다

쿠팡은 비전이 전부인 회사였다. 창업 1년 만에 미국 증시에 상장하겠다고 공언하고 물류창고가 하나뿐일 때부터 아마존 같은 회사가 되겠다고 선포하고 다녔던 것처럼, 이제 막 전자금융업 등록을 마친 상황에서 이미 아마존과 알리바바처럼 자체 간편결제 시스템을 구축할 야심을 품었다.

아마존은 미국, 알리바바는 중국의 유통 시장을 각각 점령하면서 금융 사업에 성공적으로 뛰어든 상태였다. 중국 최대 정보기술IT 기업인 알리바바그룹의 전자결제 시스템 '알리페이'는 자사 가입 고객이 스마트폰에 은행 계좌나 신용카드를 등록해 미리 돈을 충전하고 온오프라인에서 간편결제하는 서비스였다. 쿠팡이 간편결제 시장 진출을 준비하던 2016년 무렵 이미 알리페이 사용자가 4억 5000명에 달했다. 알리바바는 알리페이를 기반으로 핀테크 기업인 앤트그룹을 설립하고 대출업으로도 진출했다. 아마존 역시 마찬가지였다. '아마존페이'가 현금 충전 서비스 '아마존캐시', 대출 서비스 '아마존렌딩'으로 확대됐다.

쿠팡은 당시 미국과 중국의 간편결제 시장이 얼마나 성장하고 있는지를 똑똑히 목도하고 있었다. 수많은 사용자가 이용하는 이커머스 플랫폼에서 돈이 오가는 길목을 틀어쥘 수 있다는 사실은 상상하는 것보다 더 큰 가치를 창출할 수 있는 일이었다. 실제로 이미 알리바바보다 알리페이의 시장 가치가 더 커지고 있었다. '한국의 아마존', '한국의 알리바바'를 꿈꾸는 쿠팡으로서 결제 시장 진출은 놓칠 수 없는 선택이었다. 간편결제 런칭을 위한 태스크포스TF가 꾸려졌다. 스타트업처럼 독립적으로 팀을 운영하라는 미션이 떨어졌다. 런칭까지 주어진 시간은 단 두 달이었다.

쉬운 길을 어렵게 돌아간 이유

쿠팡은 쉽게 갈 수 있었던 일도 정공법을 택해 어렵게 돌아갔다. 애초에 꿈이 컸기 때문에 가능한 일이었다. 쿠팡은 알리페이를 꿈꾸며 간편결제 시장에 진출했기 때문에 어떤 일도 대충할 수 없었다. 당시 간편결제는 대부분 신용카드 중심으로 이뤄지고 있었지만 은행과 먼저 제휴하기로 결정한 일이 대표적이었다. 카드사를 통하는 것보다는 고객의 은행 계좌를 직접 확보하고 있는 편이 사업 확장 측면에서 훨씬 유리하다고 봤기 때문이었다.

만약 계좌 정보를 활용하더라도 은행을 직접 상대하지 않고 펌뱅킹firm banking을 연결하는 중간 업체들을 통해 서비스를 런칭했다면 모든 게 훨씬 간단할 수 있었다. 하지만 쿠팡은 이 방법 역시 쓰지 않았다. 중간 업체를 끼면 당장 서비스를 내놓기는 훨씬 쉬웠지만 장기적으로는 건당 수수료를 계속 지불해야 했고 업체가 달라질 경우 고객들이 결제 정보를 모두 다시 등록해야 하는 문제가 불거질 수 있었기 때문이다.

쿠팡은 금융거래 대부분을 차지하고 있던 4대 은행인 농협, KB국민, 신한, 우리은행을 직접 찾아가 설득하기 시작했다. 당시만 해도 4대 은행을 모두 묶어서 간편결제 서비스를 제공하고 있던 곳은 전무했다. 은행은 금융사 중에서도 특히 보수적인 곳이었다. 심지어 쿠팡은 재무제표로만 보면 곧 망할 회사였다. 이들을 설득시키는 것은 결코 만만한 일이 아니었다. 주거래 은행조차도 이런 게 되겠냐며 고개를 가로저었다. "하겠다는 다른 은행들이 정말 있냐"고 여러 차례 되묻기도 했다.* 하지만 쿠팡은 두 달 뒤 런칭 때 은행 네 곳이 모두 참여한다는 가정하에 개발을 마쳤다. 후퇴는 없었다. 무조건 되게 해야 했다.

옳은 방향을 향해 밀어붙인다

간편결제 시장이 아직 한국에서 성숙하지 않은 단계였기 때문에 원터치 결제 방식에 대한 내부의 이견도 분분했다. 원터치 결제를 기본 모드로 해두는 방식이 국내에서도 옳은 전략인가를 두고 찬반이 팽팽히 맞섰다. '시대를 앞서가는 지나치게 간단한 결제'에 대해 겁을 먹는 이들은 쿠팡 내에서도 많았다. 하지만 쿠팡은 결국 원안을 밀어붙였다.

쿠팡이 과감하게 원터치 결제를 선보일 수 있었던 것은 개발 역량이 뒷받침됐기 때문이었다. 쿠팡은 원터치 결제 거래의 위험도를 계산하기 위해 수많은 데이터를 빠르게 처리하는 빅데이터 처리 능력과 사용자의 구매 패턴을 학습하는 인공지능 기술을 활용해 '이상금융거래 탐지 시스템'FDS을 만들었다. 고객의 구매 패

● 간편결제 서비스에 시중 주요은행을 유치하는 것은 쉽지 않았다. 모바일 금융 플랫폼 토스도 2016년에야 농협, 하나은행, KB국민은행, 신한은행의 뱅킹 서비스를 제공하는 데 성공했다.

턴을 파악해 이상 신호가 감지되면 비밀번호 입력을 추가로 요구해 안전한 결제가 이뤄지도록 하는 프로그램이었다. 일상적으로 유아용품을 구매하던 소비자가 몇만 원짜리 기저귀를 결제할 때 비밀번호나 추가 인증을 요구하는 것은 비효율적이었다. 물론 이 기술로도 걸러지지 못하는 부정 거래가 있다면 회사가 책임지면 된다는 배짱도 있었다.

쿠팡은 원래 목표대로 4대 은행 계좌에 연동시킨 간편결제 서비스 '로켓페이'●를 2015년 말 선보였다. 막상 서비스를 제공하자 원터치 결제를 해지하는 경우는 거의 없었다. 불변의 진리가 다시 확인됐다. 편리한 걸 경험했던 사람들은 불편한 길로 되돌아가지 않았다. 고객들은 원터치 결제를 경험하고 나자 비밀번호를 누르는 방식조차 번거롭고 귀찮아했다. 누르면 끝나버리는 쿠팡의 원터치 결제는 쇼핑에 획기적 편의성을 선사했다. 다른 기업이라면 아무리 빨리 해도 한 해는 족히 걸렸을 이 프로젝트를 쿠팡이 실제로 선보이는 데 걸린 시간은 당초 정한 데드라인, 즉 두 달을 넘기지 않았다.

● 2015년 12월 출범 당시 명칭은 '로켓페이'였다. 2019년 '쿠페이'로 명칭을 변경했다.

부스터

어떤 서비스도 두 달이면 족하다

굵직한 신규 서비스를 런칭할 때마다 나타나는 쿠팡의 엄청난 실행 속도의 비결은 린Lean 스타트업 ●●의 핵심 이론이기도 한 MVP에 있었다. MVP는 '최소한의 사용 가능한 제품'을 뜻하는 Minimum Viable Product의 줄임말이다. 새로운 서비스를 런칭할 때 쿠팡은 당장 필요한 가장 중요한 요소, 즉 'MVP의 요건'을 정의한 뒤 그 외의 것은 모두 버렸다. 완벽하게 준비된 상태로 시작하는 것이 아니라 최소한의 가장 중요한 것만 준비되면 바로 일에 뛰어드는 방식이었다. 차순위 항목은 일단 저지른 뒤에 순차적으로 보완해 갔다. 쿠페이 역시 이후 간편결제 대상 금융사나 방식 등을 지속적으로 보완했다. 쿠팡의 핵심 가치 중 하나인 '가차 없는 우선순위'Ruthless Priority에 '빨리 실패하기'Fail fast 혹은 '긴급하게 일하기'Move with urgency가 결합된 것이 MVP란 방법론인 셈이었다.

쿠팡이 도입한 간편결제 서비스는 국내 이커머스 업체들의 서비스 중 가장 선도적인 원터치 결제였다. 이 시도는 다른 혁신들과 마찬가지로 놀라운 성과를 냈다. 처음 서비스를 선보인 지 5년이 채 되지 않았던 2019년, 쿠페이 이용자는 1000만 명을 돌파

●● 린 스타트업은 작고 빠른 실행과 보완을 반복함으로써 성장을 이끌어 내는 스타트업 경영 전략을 뜻한다.

했다. 이후 시작된 멤버십 서비스 '로켓와우' 연회비 역시 쿠페이를 통해 결제하도록 함으로써 시너지를 냈다. 쿠페이는 아마존의 3대 꿈의 비즈니스 모델 중 하나로 꼽히는 '아마존 프라임'처럼 유료회원제를 통해 고객을 록인시키는 '로켓와우' 출범의 발판이 됐다. 무엇보다 막대한 이용자 트래픽을 바탕으로 자금이 흐르는 길목을 관장하고 있다는 건 쿠팡이 실제로 '한국의 알리바바'나 '한국의 아마존'이 될 수 있는 물꼬를 텄다는 뜻이기도 했다. 우선순위에 집중해 신속했던 시작의 결과는 놀라웠다. 간편결제는 쿠팡 이용자들을 쿠팡의 생태계에 록인하는 강력한 무기가 됐을 뿐 아니라 수많은 사용자의 금융거래 길목을 지배함으로써 핀테크 기업으로 변신할 바탕까지 제공했다. 시작은 작고 미약했지만 그 끝이 어떤 모습일지는 이제 누구도 섣불리 짐작할 수 없게 됐다.

부스터

작전명
'록인 프로젝트'

명절에도 배송 약속 지키기

"시간당 2만 5천 원 이상, 역대급 가성비."

"돈 많이 버세요."

쿠팡은 2018년 8월경 구인구직 사이트를 중심으로 '꿀알바' 혹은 '투잡'거리를 찾는 사람들을 겨냥한 구인 광고를 집중적으로 올리기 시작했다. 쿠팡의 배송 물량 일부를 일반인들을 활용해 배달하는 신규 서비스의 스몰 테스트를 위해서였다. '아마존 플렉스'를 벤치마킹한 '쿠팡플렉스'의 시작이었다.

쿠팡이 쿠팡플렉스를 시작한 것은 로켓배송 주문량이 배송 역량을 초과할 정도로 폭증했기 때문이었다. 특히 명절에는 이런 일이 더 빈번했다. 사업 전 다방면에서 아마존과의 동기화를 갈수록 높여가고 있던 쿠팡은 일반인을 활용해 자사 배송 물량을 일부분 감당하게 한 아마존플렉스를 쿠팡에도 도입해 보기로 했다.

플렉스 런칭을 맡은 태스크포스 직원들은 2주간 직접 잠실, 서초 일대에서 배송 물량이 집중된 아파트 단지를 중심으로 시범 배송을 해봤다. 택배 배송을 처음 해보는 일반인들도 배송이 가능할지 확인하기 위해서였다. 아파트 단지뿐 아니라 빌라 등 주소가 복잡하고 이동 거리가 많은 지역에서도 직접 배송했다. 일반인을 고용한 배송 서비스가 가능하겠다는 판단을 내린 뒤에는 구인구직 사이트에 어떤 문구로 이 일을 설명하는 것이 좋을지 고민했다. 미국에선 이미 일반화돼 있는 서비스였지만 대부분의 한국인은 플렉스에 대한 개념조차 없었다. 이해가 쉬우면서도 배송 아르바이트에 지원할 잠재 고객의 관심을 사로잡기 좋은 단어를 써야 했다. '꿀알바', '역대급 가성비' 같은 표현이 그렇게 나오게 됐다.

이가 없으면 잇몸으로 한다

쿠팡플렉스를 시작한 쿠팡의 그해 목표는 분명했다. '올해 추석에는 모든 배송 물량을 제대로 소화하자'는 것이었다. 쿠팡플렉스 런칭은 추석 연휴가 시작되는 9월 전에 무조건 끝나야 했다. 아직 쿠팡플렉스 전용 앱이 개발되지도 않은 상태였지만, 쿠팡은 앱 개발이 완료될 때까지 마냥 손을 놓고 기다리지 않았다. 시스템이 없으면 그런 것이 있다고 가정한 상태에서 일을 시작했다. 우선 쿠팡의 정규직 배달원인 쿠팡맨(현 쿠팡친구)의 배달 앱을 거의 그대로 가져온 MVP Minimum Viable Product(최소 기능 제품) 버전의 쿠팡플렉스 앱부터 만들었다. 놀랍게도 이 앱에는 지원자의 신청을 받는 기능이-그게 쿠팡플렉스의 핵심임에도 불구하고-없었다. 쿠팡은 그래도 일을 진행시켰다. 이가 없으면 잇몸으로 했다. 아르바이트 지원자들의 신청은 모두 구글 설문을 통해 받았다. 신청자들이 이름, 연락처, 원하는 배송지, 자차 여부 등을 체크해 설문을 제출하면, 직원들이 일일이 수작업으로 지역과 물량을 배정했다.

초기에는 쿠팡맨이 전달해 준 물건을 같은 아파트 단지 내에서 걸어서 배송하는 워크맨Walkman 형태로도 서비스를 운영해봤다. 그러다 효율성이 떨어져 자동차로 물류 캠프에서 직접 물건을 가져와 배송하는 카플렉스 운송 형태로 변경했다. 배송에 익숙하지 않은 일반인이 참고할 수 있도록 유튜브 교육 콘텐츠도 제작했다. 누구나 큰 어려움 없이 배송할 수 있다는 점을 알리고 필요할 때 언제든 참고할 수 있게 하기 위해서였다. 그러는 동안 개발자들은 부지런히 작업해 6주 안에 플렉스용 앱 개발을 끝냈고 계획대로 추석 전 쿠팡플렉스를 선보였다. 쿠팡다운 속도였다.

멤버십 서비스로 록인시키기

쿠팡플렉스를 두 달 만에 런칭한 예에서 볼 수 있듯이 쿠팡은 개발 역량과 업무 프로세스, 조직문화에 있어서 아마존이 한 거의 모든 것을 마음만 먹으면 언제든지 복사할 만한 기반을 갖추었음을 증명해 나가기 시작했다. 쿠팡은 수어 년 전 시도했다 실패로 끝난 적이 있었던 유료회원 서비스도 이 무렵 다시 시도하기 시작했다. 당시만 해도 여건이 무르익지 않아 바로 철수했지만, 그사이 쿠팡은 훨씬 강력한 무기를 많이 갖추게 됐다. 로켓배송을 확고하게 구현했고 자체 간편결제 서비스인 쿠페이까지 정착시켰기 때문이다.

당시 국내의 주요 이커머스 업체들도 한국판 '아마존 프라임'을 표방하며 잇달아 유료 멤버십 서비스를 강화하고 있었다. 회원제 서비스는 고객 '록인효과', 즉 한번 쓰기 시작한 제품 및 서비스를 지속해서 쓰는 효과를 내는데 엄청난 위력을 발휘했다. 아마존의 경우 연회비(2018년 당시 119달러)를 내면 무료배송 및 동영상 스트리밍 등 혜택을 주는 서비스인 유료 멤버십 가입자 수가 9500만 명에 달했다. 너도 나도 무료배송 및 반품, 회원 전용 상품과 적립금 지급 등을 무기로 한 유료회원제 서비스를 런칭하기 시작했다.

쿠팡은 '로켓와우 회원'이라는 이름으로 이 시장에 뛰어들었다. 물론 유료회원제 고객을 쿠팡에 잡아두기 위해서는 확실한 유인책이 필요했다. 경쟁사가 따라올 수 없는 강력한 차별화 전략이 있어야 했다.

압도적인 차별화 포인트

쿠팡은 매월 일정 금액을 지불한 유료 멤버십 로켓와우 회원에게 구매 금액과 상관없는 무료배송, 무료반품 서비스를 제공했다. 2018년부터 신규 가입자에게는 90일 무료 체험 기간을 제공하며 진입 장벽을 낮췄다. 연회비도 파격적으로 낮게 책정했다. 당초 쿠팡은 서울 서초에서 '클로즈 베타' 서비스를 시행하며 월 서비스를 4900원으로 책정했지만 전국 '오픈 베타'에서 가격을 더 낮춰 2900원으로 정했다.[2] 일반 택배 기준 1회 배송비도 안 되는 금액이었다. 자체 간편결제 서비스인 쿠페이로 연회비를 받았다. 결제 편의를 높이는 동시에 쿠페이 이용자까지 확대하면서 충성도를 높일 수 있었다.

무엇보다 쿠팡의 결정적인 차별우위는 새벽배송을 제공한 것이었다. 쿠팡은 유료회원제 서비스를 선보이면서 처음으로 새벽배송을 시작했다. 몇 년 전부터 새벽배송의 필요성을 인지하고 물류 시스템을 꾸준히 개편해 왔기 때문에 멤버십과 새벽배송을 결합한다는 결정이 내려지면서 신속하게 서비스를 개시할 수 있었다. 새벽배송은 처리 물량을 넘어설 정도로 신청자가 몰리면서 큰 인기를 끌었다. 호응이 높아 시범 서비스 이후 한 달 만에 서비스를 전국 로켓배송이 가능한 지역으로 확대했다. 쿠팡은 월마트가 취급하는 품목의 30배가 넘는 수백만 개의 제품을 새벽배송으로 제공했다. 쿠팡의 로켓와우 회원 수는 런칭과 함께 폭발적으로 늘어나기 시작했다.

출범 4년 만에 1000만 명 돌파

고객들을 쿠팡의 생태계 안에 꽁꽁 묶어두겠다던 쿠팡의 야심찬 전략은 실제로 어떤 효과를 거뒀을까. 와우 멤버십 출시 직후 제공했던 90일간의 무료 체험 등 초기 혜택을 줄이고 본격적으로 유료화 모델을 구축한 것은 2019년부터였다. 2019년 중순 로켓와우 회원은 250만 명(2019년 5월)가량이었다. 이 숫자가 2021년 상장 당시 470만 명가량으로 늘었고 그 해 말 900만 명으로 두 배 이상 증가했다. 2018년 멤버십 서비스인 로켓와우를 출시한 이후 4년도 채 되지 않아 2022년 말에는 1100만 명이 됐다.

국내 전체 인터넷 쇼핑 인구의 48%가 쿠팡 활성 고객이었는데(2021년 기준) 그 절반이 매월 회원비를 내는 유료회원인 쿠팡 로켓와우 회원이었다. 그해 국내 이커머스 전체 매출 증가율은 15%에 불과했지만 쿠팡의 매출은 54% 성장했다. 쿠팡이 한국 전체 인터넷 시장의 성장 둔화 추세와는 별개로 자생적인 성장을

쿠팡 고객 유형별 이용자 현황

(자료 출처: 쿠팡, 2021년 기준)

지속했다는 의미였다. 이런 변화가 가능했던 것은 쿠팡 생태계에 묶이게 된 고객들 때문이었다. 쿠팡은 시장을 장악하기 위해 가장 먼저 소비자들의 소비 습관을 바꾸는 데 초점을 맞췄고 이후엔 소비자들의 삶을 바꾸는 편의성을 제공함으로써 자연스럽게 충성도와 소비 규모를 키우는 전략을 구사했다. 소비자들을 쿠팡에 계속 붙들어 둘 수 있었던 가장 큰 동력 중 하나가 새벽배송이라는 차별화된 멤버십 혜택이란 점엔 의심의 여지가 없어 보인다.

패스트 팔로워가
걷는 길

마켓컬리가 쏘아올린 새벽배송 전쟁

새벽배송 기반의 '로켓와우'는 와우 멤버십 고객들을 쿠팡 생태계에 묶어두는 강력한 무기가 됐다. 어떤 업체도 이처럼 빠른 배송을 보장해 주지 않았기 때문이다. 하지만 한국의 새벽배송을 처음 주도했던 퍼스트 무버first mover는 사실 쿠팡이 아니라 마켓컬리였다. 마켓컬리는 쿠팡이 공산품 새벽배송 서비스인 로켓와우를 시작하기 3년여 전인 2015년 이미 '신선식품 샛별배송'이란 이름으로 새벽배송을 시작했다. 신선식품을 전날 밤 11시까지 주문받아 다음날 새벽에 배송하는 서비스였다.

마켓컬리란 신생 업체가 선보인 새벽배송에 대한 소비자들의 반응은 폭발적이었다. 대부분의 한국 주부들은 정신없이 바쁜 하루를 보낸 뒤 잠들기 전 다음 날 먹을거리를 걱정하곤 했다. 이들은 자리에 누워 클릭 몇 번으로 다음 날 새벽 신선한 음식을 받을 수 있는 서비스에 흠뻑 빠져들었다. 새벽 시장은 스타트업이 공략한 작은 틈새 시장이 아니었다. 이 시장은 생각보다 훨씬 컸다. 마켓컬리는 폭발적으로 성장했다. 연 매출 30억 원으로 시작한 이 회사는 창업 7년 만에 연 매출 1조 원 규모 회사로 급성장했다. 이전까지 기업들이 미처 알아채지 못했던 소비자들의 욕구가 온라인 신선식품 시장에 잠재돼 있었던 것이다.

신선식품은 이커머스 내에서 성장 잠재력이 가장 높은 분야였지만, 진입 장벽이 높은 까다로운 영역이기도 했다. 아마존조차도 신선식품에서 실패한 이력이 있었다. 아마존은 2007년 연회비 299달러를 내면 자체 트럭으로 달걀, 고기 등 신선식품을 바로 집 앞까지 배송해 주는 사업(아마존프레시)을 시작했지만 제대로 해보지도 못하고 접었다. 연회비 부담에 더해 약속한 시간에 당일 배송된다는 약속도 잘 지켜지지 않았기 때문이다.

쿠팡 역시 신선식품 배송에는 손을 대지 못했다. 공산품 시장의 무게 추가 온라인으로 옮겨간 이후로도 대형 마트는 신선식품에 있어서는 독보적인 강점을 가지고 있었다. 음식은 대개 '당장' 필요했고 신선도가 무엇보다 중요했기 때문에 사람들은 며칠씩 걸려 택배로 받기를 꺼려 했다. 하지만 마켓컬리의 새벽배송이 등장하면서 모든 것이 달라졌다.

한 달이면 한 곳씩 뚝딱뚝딱 확장

스타트업 한 곳의 나비효과로 신선식품 시장이 심상치 않게 요동치기 시작하자 대형 유통 업체들은 뒤늦게 이 시장에 합세했다. 쿠팡 역시 한발 늦은 후발 업체였다. 쿠팡은 2018년에야 로켓프레시를 런칭하고 신선식품 새벽배송에 뛰어들었다. 신선식품 감수 등에 강점을 가지고 있던 홈플러스 출신 경력들을 대거 채용했고 인천에 신선식품 전용 물류창고를 구축하며 본격적인 오픈 준비에 돌입했다.

로켓프레시는 로켓배송부터 와우배송까지 구축한 쿠팡조차도 처음 시도해 보는 새로운 영역이었다. 하지만 쿠팡은 특유의 스피드와 집중적 투자를 바탕으로 불과 4개월여 만에 시범 배송을 성공적으로 시작했다. 쿠팡은 이때도 비용과 타협하지 않았다. 돈이 얼마가 들어도 완벽한 서비스를 위해서라면 과감히 투자했다. 예를 들어 수도권 각 권역별로 주문량이 충분하지 않을 때도 권역별 차량을 통합하거나 경유지를 거치지 않고 따로 출발시켰다. 누락된 제품이 있으면 한두 박스라 해도 직원들이 직접 따로 찾아가 배송했다. 로켓배송을 처음 시작할 때 그랬던 것처럼 사람도 미리 많이 뽑아뒀다. 주문량이 적은 초기에는 생산성이 떨어질 수 있지만, 물량이 늘어났을 때 뒤늦게 허덕이지 않을 수 있었다. 실제로 로켓프레시는 서비스를 선보이자마자 무섭게 성장했다. 자고 일어날 때마다 주문량이 급증했고 주 단위로 서비스 권역이 늘었다. 인천에서 시작한 신선식품 물류센터는 1년여 만에 곧 오산, 안성, 김해 등으로 확대됐다.

쿠팡이 새로운 신선식품 물류센터를 여는 데는 불과 한 달 정도밖에 걸리지 않았다. 수천 명에 달하는 개발 인력을 바탕으로 구축한 창고관리시스템wms이 탄탄했기 때문이다. 쿠팡의 물류창고는 고객들의 수많은 주문을 실시간으로 반영하는 고난도의 기술 기반으로 돌아갔다. 예를 들어 작업자 위치를 정할 때는 동선 최적화 알고리즘을 이용했다. 물류창고 내의 실시간 공간 정보를 반영해 최단 거리 진열대로 안내했다. 또한 사용자 위치 기반, 실시간 주문 분석, 배송 최적화를 위한 집품 시스템 등을 개발한 결과 2020년 2분기 집품 효율은 2년 전 대비 323% 늘어났다. 재고 준비와 재고 건전성 유지를 위해 핵심적인 공급망관리 scm도 머신러닝과 딥러닝을 통해 이뤄졌다. 매일 수백만 개에 달하는 판매 상품에 대해 종류별로 일별 예측 데이터를 제공하고 각 상품을 얼마나 발주할지 정확하게 예측할 수 있도록 모델링했다.[3] 단 한 번도 물류창고에서 일해본 적 없는 사람이라 해도 휴대용 단말기인 PDA에 뜨는 지시만 보면 일할 수 있었다. 이 방식이 워낙 정교하게 갖춰져 있었기 때문에 새로운 공간만 확보되면, 얼마든지 '컨트롤 C+V' 복사 방식으로 뚝딱뚝딱 새로운 물류센터를 가동할 수 있었다.

마켓컬리는 새벽배송 원조 기업임에도 불구하고 물류 인프라가 갖춰지기 전까지 수도권 내에서만 배송을 해야 했지만, 쿠팡은 그보다 빠른 속도로 전국권 신선식품 배송망을 갖춰나갔다. 쿠팡의 신선식품 시장 진출은 배송 체계와 전용 물류창고부터 부랴부랴 구축해야 하는 다른 업체들과는 출발선이 완전히 달랐다.

최초가 아닐지라도 괜찮다

신종 코로나바이러스 감염증(코로나19)으로 인한 비대면 경제 성장으로 베이비붐 세대가 대거 이커머스로 유입되면서 로켓프레시의 성장 속도는 더 빨라졌다. 국내 온라인 식품 시장 거래액은 2019년 26조 원에서 2021년 58조 원으로 폭증했다. 로켓프레시 풀필먼트 인프라는 2021년에만 두 배 가까이 증가했다. 로켓프레시는 신선식품 후발 주자인 쿠팡이 창업 때부터 집요하게 추구해 온 '규모의 경제'가 가져올 부수적인 소산 중 하나임이 분명해지고 있다.

로켓프레시는 쿠팡이 최초로 선보인 서비스가 아니었다. 로켓프레시 외에 쿠팡이 섭렵해 나간 많은 혁신적 서비스도 사실 기원을 따져 올라가면 쿠팡보다 먼저 하고 있던 회사가 존재했다.

대부분은 아마존이었다. 쿠팡이 2014년 시작한 로켓배송은 아마존이 2005년부터 일찍이 감행했던 아마존 프라임(유료회원 대상의 빠른 배송)과 2013년 시작한 자체 풀필먼트 서비스(주문부터 배송까지 전 단계를 처리하는 물류 체계)를 따라 한 것이다.

아마존 프라임처럼 신속하고 안전한 배송으로 고객 만족을 극대화하고 싶었던 쿠팡은 한국의 제3자 물류 체계만으로는 그것이 불가능하다는 것을 깨달았다. 쿠팡은 그 제약을 아마존이 그 무렵 시작한 풀필먼트 서비스를 흉내 내어 극복했다. 물류 내재화를 통해 직접 배송해 줌으로써 아마존이 UPS나 페덱스를 통해 냈던 '아마존 프라임' 효과를 만들어 냈던 것이다. 직접 고용한 쿠팡친구만으로는 로켓배송 물량을 감당하기 어려울 만큼 규모가 커지자, 아마존이 2015년부터 일반인이 자차로 배송하는 아마존플렉스를 운영했던 것과 동일하게 2018년경 쿠팡플렉스를 도입하기도 했다.

쿠팡은 아마존의 성공 방식을 영리하고 모방해 내재화했지만, 그 외에도 된다 싶은 모든 퍼스트 무버의 움직임을 재빠르게 따라하는 패스트 팔로워fast follower 전략을 썼다. 마켓컬리가 먼저 진출했던 신선식품 새벽배송이 그랬고, 배달의민족 등이 이미 음식 배달 시장 98%를 차지하고 있던 때 런칭했던 쿠팡이츠가 그랬다.

성공한 벤치마킹의 비결

국내 기업들은 새로운 경영 기법이 소개되면 각 기업의 특수성과 상관없이 이를 일률적으로 모방하는 경향이 강하다. 하지만 벤치마킹이 기업의 성과나 경쟁력 향상과는 별로 관련이 없고 오히려 발전을 저해한다는 정반대의 연구들도 많다. 스탠퍼드대 제임스 마치 교수는 잘나가는 기업들의 겉으로 보이는 경영 방식만 따라 하다가는 '미신적 학습'의 함정에 빠질 우려가 있다고 지적한다. 압도적 경쟁우위를 가진 퍼스트 무버가 끊임없는 혁신으로 시장을 독식해 가는 21세기 경영 상황에는 벤치마킹 기법 자체가 부적절하다는 주장도 있다.[4]

하지만 쿠팡은 탁월한 벤치마킹으로 성공한 회사 중 하나다. 쿠팡의 벤치마킹은 첨단 경영 기법을 무조건 따라 하는 맹목적 모방과는 차이가 있었다. 쿠팡은 모방의 대상이 되는 기업을 탁월하게 선정했고 국내 시장의 상황에 맞춰 변형·독창성을 가미한 차별화를 시도했다. 아마존이 어떻게 미국 소비 시장을 잠식해 가는지는 모두가 지켜보고 있었지만 인터넷 보급률과 인구 밀도, 문화적 동질성이 높은 한국 시장에서 그 방식이 기막히게 먹힐 것이라는 판단은 쿠팡밖에 하지 못했다. 다른 유통 업체들이 해외 의류 매장이나 식료품점 진열 방식을 벤치마킹하고 있을 때 쿠팡은 아마존을 따라 물류에 돈을 쏟아부었다.

2002년 한일 월드컵의 히딩크처럼

쿠팡의 벤치마킹은 거스 히딩크의 성공 비법과도 흡사하다. 히딩크는 해외의 선진 훈련 방식과 한국적인 장점을 적절히 결합해 한국의 월드컵 4강 신화를 이끌었다. 쿠팡도 해외의 모범 사례와 한국적 특수성을 적절히 결합한 패스트 팔로워 전략을 효과적으로 썼다. 이는 김범석 의장이 스스로 밝힌 쿠팡의 핵심적 성장 비결이기도 했다.

"쿠팡이 여기까지 올 수 있었던 이유는 해외의 베스트 프랙티스를 잘 도입한 한편 한국적인 장점을 잘 살려서였다. 미국에선 볼 수 없는 가족적인 단합력과 스피드를 해외에서 잘됐던 것과 결부시켰다. 2002년 월드컵 때 히딩크 감독이 한국적 베스트 프랙티스와 해외의 베스트 프랙티스를 잘 소화했던 것처럼 말이다."[5]

쿠팡은 필요할 때마다 시장 상황에 가장 잘 맞는 벤치마킹 사례를 정확히 가져왔지만, 무조건적 수용이 아니라 창조적인 변형을 가했다. 아마존의 풀필먼트를 그대로 흉내 내지 않고 직매입 직배송, 익일배송, 새벽배송 등으로 변용을 가해 진화시켰다. 쿠팡은 신선식품 새벽배송 역시 최저가와 빠른 속도, 배송 권역 확대 등으로 선발 주자인 마켓컬리를 추격했다.

쿠팡의 벤치마킹은 고루한 20세기 경영 기법이라 일컬어졌던 벤치마킹의 중요성을 돌이켜 보게 한다. 물론 "한국에서 성장에 모든 걸 다 거는 실리콘밸리 방식의 경영을 실제로 해내는구나,

혀를 내두르게 된다"는 어느 경쟁 업체 대표의 말처럼, 안다고 해
서 누구나 따라 할 수 있는 방법이 결코 아니란 점에서는 여전히
논쟁적이지만 말이다.

리틀 쿠팡이
무서운 이유

'그런 걸 왜 해?' 라는 질문을 받았을 때

뉴욕 증시에 상장하기 1~2년 전부터 쿠팡은 마치 자신의 클론과도 같은 '꼬마 쿠팡'을 연이어 선보이는 데 성공했다. 음식 배달 플랫폼 쿠팡이츠와 OTT(인터넷을 통해 미디어 컨텐츠를 제공하는 서비스)인 쿠팡플레이 등이었다. 이들을 '작은 쿠팡'이라고 부를 수 있는 이유는 10여 년 전 설립돼 숨 가쁘게 성장해 온 이커머스 플랫폼 쿠팡의 성장기를 마치 압축이라도 한 것처럼 단기간에 시장을 위협할 정도로 성장했기 때문이다.

흥미롭게도 이 두 사업이 처음 출발했을 때 반응은 쿠팡이 로켓배송을 처음 시작했을 때와 같았다. 대체 그런 걸 왜 하느냐는 것이었다. 쿠팡이 음식 배달 서비스 쿠팡이츠 출범을 준비하던 2019년 당시 배달의민족, 요기요, 배달통 등의 배달 플랫폼들은 전체 음식 배달 시장의 98%를 차지하고 있었다. 로켓배송을 선보였을 당시 사람들이 'CJ대한통운이 있는데 택배 사업을 어떻게 더 잘하겠다는 거야?'라고 핀잔을 줬던 것처럼, 시장에서는 '배민이 이미 있는데 음식 배달을 왜 하겠다는 거야?'라고 의아해했다.

쿠팡플레이 역시 '웬 OTT?'라는 반응을 먼저 접해야 했다. 이미 넷플릭스, 티빙 등 경쟁자들이 버티고 있었다. 아마존이 아마존 프라임 서비스 강화를 위해 OTT 시장에 진출해 막대한 투자를 지속하고 있긴 했지만, 쿠팡은 규모가 달랐다. 쿠팡이 넷플릭스 독주에 제동을 걸 정도로 성장한 아마존 프라임의 흉내라도 낼 수 있을 것인가는 의문이었다.

하지만 쿠팡은 로켓배송 때 그랬듯 아랑곳없이 그들만의 방식으로 신사업을 밀어붙였다. 이들은 빠른 의사결정, 정확한 벤치마킹과 창조적 변형, 유연하고 신속한 대응, 비용을 아끼지 않는 집중적 투자 등 현재의 쿠팡을 키워온 쿠팡의 법칙을 그대로 적용해 신사업 분야에서도 빠른 속도로 두각을 나타내기 시작했다.

쿠팡이 음식을 날랐을 때

쿠팡이츠는 시장 진입 이후 8개월까지 점유율 1.5%를 넘지 못했다. 배달의민족과 요기요 등은 그만큼 시장을 확고하게 장악하고 있었다. 판을 흔들기 위해 쿠팡은 경쟁사와 확실한 차별화를 내걸었다. 단건 배달이었다. 단기간 시장을 잠식했던 미국의 배달 서비스 도어대시를 벤치마킹했다. 그때까지 국내 기존 배달 앱은 3~5건씩 주문을 묶어 한 명의 라이더가 배달하는 묶음 배달을 했다. 비용은 아낄 수 있었지만 배달 소요 시간이 길게는 한 시간 이상 걸렸고 음식이 다 식거나 불어오기 일쑤였다. 쿠팡이츠는 한 건의 주문에 한 명의 라이더만을 배치하는 단건 배달로 불과 10~20분 만에 음식을 배달했다. 빠른 배송에 열광한 소비자들이 쿠팡이츠로 급속히 몰려들었다.

쿠팡이츠는 이미 구축한 쿠팡의 물류 네트워크와 기술력을 활용하여 고객에게 더 빠른 배달을 제공하는 것이 가능했다. 주문부터 라이더 픽업과 배달까지의 시간을 직접 다 기술적으로 컨트롤해 배송 속도를 최적화했고 별도의 추가 가입 없이 쿠팡의 간편결제를 그대로 이용할 수 있게 했다. 물류 투자를 할 때처럼 라이더 투자에도 공격적으로 뛰어들었다. 수요가 몰리거나 날씨가 나빠 배달 수수료가 치솟을 때 쿠팡은 막강한 자금력을 바탕으로 직접 일부 배달 수수료를 보전해 주는 방식으로 라이더를 최대한 확보했다. 단건 배달은 점유율 확대로 이어졌고 강남·서초 등 강남 3구에서는 선두 업체인 배달의민족 점유율을 위협하는 수준이 됐다. 쿠팡이츠 점유율은 2020년 1월 1.6%, 2021년 17.1%,

2022년 26.8%로 폭발적으로 증가했다.

사실 쿠팡이츠는 후발 주자 쿠팡이 가장 잘할 수 있는 사업 중 하나였다. 쿠팡은 음식 배달 사업에 필요한 수요, 기술, 물류 세 가지를 모두 갖고 있었다. 당시 매월 1300만 명이 쿠팡 앱을 사용했고, 40여 개 물류센터에서 매일 170만 개의 상품이 출고됐다. 멤버십 서비스인 로켓와우 가입자 수는 160만 명을 넘어가고 있었다.[6] 음식 배달을 소화할 수 있는 경로, 수요 예측, 배달까지 컨트롤이 가능했다. 음식 배달은 자연스러운 사업 확장이었다.

게다가 배송 속도는 점점 더 빨라져 혁신적이라 칭송받던 로켓배송조차 느리게 느껴지는 시대가 됐다. 익일배송, 당일배송을 넘어 30분 내 생필품을 배달하는 퀵커머스가 대두했다. 국내의 많은 기업은 쿠팡의 로켓배송을 따라잡기 위해 자체 물류센터 확충에 나섰고 이륜차 배달 시장도 급성장했다. 속도의 한계를 향해 내달리는 듯한 무한 경쟁이었다. 쿠팡이 이 변화에 올라타지 않을 리 없었다. 쿠팡은 음식 배달 시장에 진입하여 이륜차 중심의 퀵커머스 시대에 대응할 채비도 끝냈다.

싼 맛에 봤던 쿠팡플레이의 변신

쿠팡플레이의 성장 역시 쿠팡이츠만큼 드라마틱했다. 쿠팡이 2020년 월 2900원을 내는 로켓와우 회원을 대상으로 쿠팡플레이를 처음 선보였을 때 내세울 수 있었던 가장 큰 강점은 가성비였다. 로켓와우 회원들은 공짜로 콘텐츠를 볼 수 있었기 때문이다. 하지만 쿠팡플레이는 곧 가성비 이상의 콘텐츠를 선보이며 존재감을 드러내기 시작했다.

특히 쿠팡플레이는 스포츠에 공을 들였다. 손흥민 선수가 뛰는 프리미어리그 경기를 실시간 시청할 수 있게 한 것을 시작으로 월드컵 예선, K리그 중계 등 독점 중계권을 바탕으로 스포츠 팬이라는 탄탄한 고정 수요를 공략했다. 가입비가 기존 OTT 대비 월등히 저렴했기 때문에 경기를 보기 위해 일부러 와우 멤버십에 가입하는 남성 팬들이 생기기 시작했다. 기존 OTT 서비스들이 간과했던 영역을 먼저 치고 나간 것이었다.

스포츠 분야를 집중 공략하긴 했지만 〈SNL 코리아〉, 〈안나〉 등의 오리지널 콘텐츠에도 병행 투자했다. 2021년 말 쿠팡플레이 월 활성 이용자 수는 출범 1년 만에 40배 가까이 성장했다. 과감한 콘텐츠 투자 덕분에 시장 점유율도 뛰어올랐다. 2022년 쿠팡플레이는 런칭 1년 반 만에 사용자 수 기준 넷플릭스에 뒤이은 2위 업체로 올라섰다.

'리틀 쿠팡'이 시사해 주는 것

리틀 쿠팡은 처음 쿠팡이 로켓배송을 선보일 때 그랬던 것처럼 회의, 의문, 비난의 시선 속에서 출발했다. '뜬금없다'는 조롱도 많았다. 하지만 단건 배달이나 스포츠 콘텐츠를 바탕으로 한 점유율 확대 등 시장의 판을 뒤흔드는 서비스로 자리를 잡기 시작했다.

리틀 쿠팡의 성공은 여러 가지 함의를 지닌다. 예컨대 쿠팡이츠가 성장한다는 것은 쿠팡이 퀵커머스와 공유 레스토랑이라는 미래 사업까지 동시에 장악해 간다는 의미이기도 했다. 쿠팡플레이에 볼거리가 더 많이 추가될수록 더 많은 쿠팡 충성 고객들이 쿠팡 생태계 안에 유입될 것이었다.

하지만 리틀 쿠팡의 약진이 주는 진짜 인사이트는 어쩌면 그이상의 것일 수도 있었다. 쿠팡은 1000만 명에 가깝게 확보한 로켓와우 회원과 물류 관련 기술력 등을 효과적으로 활용해 기존 사업자가 시장의 대부분을 잠식한 배달 시장에서 위협적으로 성장했다. 빠른 의사결정을 바탕으로 처음 뛰어든 콘텐츠 시장에서도 판을 흔들기 시작했다. 이는 쿠팡 생태계가 효과적으로 작동하는 한, 쿠팡이 어떤 신사업도 이런 방식으로 성공시킬 수 있음을 증명해 보인 것이기도 했다. 소셜커머스로 출발했던 회사가 테크놀로지 기반의 이커머스 회사로 진화한 것처럼, 지금은 누구도 예상할 수 없는 방향으로 어떤 신사업이 이 회사를 또 한번 피보팅하게 만들지 알 수 없다. 쿠팡이츠나 쿠팡플레이가 증명한 가장 중요한 사실은 그 변신의 가능성이기도 했다.

쿠팡 흑자의
비밀 레시피

로켓배송과 플라이휠의 역학 관계

미국 스탠퍼드대학교 경영대학원 짐 콜린스 교수는 저서 『좋은 기업을 넘어 위대한 기업으로』에서 '플라이휠 효과'The Flywheel Effect란 이론을 처음 소개했다. 플라이휠이란 엔진을 움직이는 자동차의 기계장치 중 하나를 뜻하는데, 처음 돌리는 데는 상당한 힘이 필요하지만 가속도가 붙으면 회전 운동 에너지를 통해 스스로 돌아간다. 나중에는 연료 공급이 없이도 아주 적은 힘으로 휠을 계속 빠르게 돌릴 수 있다. 따라서 경영학적으로 플라이휠 효과는 '완벽한 선순환 구조'를 뜻한다.

아마존의 창업자 제프 베이조스는 플라이휠 이론이 저렴한 가격, 다양한 상품 구색과 신속한 배송을 바탕으로 한 아마존의 성장 원리 및 동력을 정확하게 설명해 준다고 생각했다. 좋은 상품, 저렴한 가격을 통해 우수한 고객 경험을 얻은 소비자들은 이 플랫폼에서 더 많은 지출을 일으킨다. 이 지출은 또다시 더욱 좋고 저렴한 상품을 유치하는 것으로 이어지고 더 많은 고객이 더 많은 돈을 쓴다. 보통의 기업은 규모가 커질수록 성장 속도가 더뎌지지만, 선순환 구조의 플라이휠을 구축한 기업은 크면 클수록 더욱 빨리 성장한다. 베이조스가 콜린스의 이론을 응용한 '아마존 플라이휠'을 만들어 보이고 나서야 아마존의 중역들은 마침내 자신들의 사업을 이해했다고 느꼈다.[7]

플라이휠은 이익보다 성장을 중시하고 적자를 지속하면서도 영향력을 급속히 확대해 가는 쿠팡을 이해하기에도 유용한 이론이다. 쿠팡은 더 많은 상품군과 더 빠른 배송을 제공했고 고객은 더 급속한 속도로 증가했다. 쿠팡은 로켓배송을 통해 고객이 이제껏 경험하지 못한 빠른 배송으로 한 차원 높은 고객 경험을 제공했고 만족스러운 고객 경험은 고객의 재구매를 이끌었다. 쿠팡의 플라이휠은 24간 이내 배송인 로켓배송에서 익일 오전 7시 전 도착으로 더 빨라진 로켓와우, 신선식품 새벽배송인 로켓프레시, 콘텐츠 서비스인 쿠팡플레이 등의 새로운 서비스로 진화했고 그 결과 더 많은 충성 고객이 유입됐다. 경쟁 업체와의 격차는 갈수록 더 크고 빨리 벌어졌다. 이론상으로 쿠팡은 이 선순환 궤도

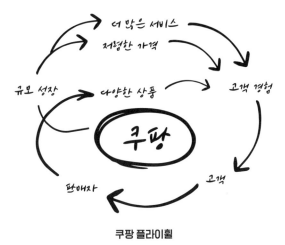

쿠팡 플라이휠

(자료 출처: 쿠팡 S-1 상장 공시자료)

가 쉴 새 없이 돌아가는 어느 시점에서 자연스럽게 이익을 내게
된다.

선순환 궤도에 올라탄 커머스 부문

상장 이후로도 쿠팡의 '계획된 적자'는 한동안 이어졌다. 쿠팡
은 상장으로 확보한 실탄 외에도 유상증자를 실시하며 지속적으
로 물류 투자를 감행했다. 한국 이커머스 시장은 아마존과 같은
압도적 선도 사업자 없이 합종연횡을 거듭하고 있었다. 쿠팡이
투자의 결실을 보는 때가 실제 올 것인지 회의적인 시각이 대두
됐다.

하지만 쿠팡은 상장 다음 해 결국 일을 냈다. 상장 이후 수익성 개선에 대한 자신감을 분기별 실적 컨퍼런스콜에서 지속적으로 피력했던 이들은 실제로 2022년 3분기 로켓배송을 선보인 이후 처음으로 7742달러(1037억 원)의 영업 흑자를 기록했다.

사실 주력 커머스 부문에서의 흑자 전환에 대한 공감대는 쿠팡 내부적으로는 3분기 실적 발표 훨씬 전 형성돼 있었다. 여전히 막대한 자금이 투입돼야 하는 쿠팡플레이나 쿠팡이츠, 로켓프레시 같은 신사업 분야를 제외하면 운용 10여 년을 맞이한 주력 커머스 부문은 투자 회수기에 접어들었다. 쿠팡은 2022년 1분기 핵심 사업인 제품 커머스 분야에서 조정 에비타EBITDA● 기준 287만 달러(약 34억 원)의 흑자를 냈다.

2분기에는 회사 전체 기준으로 조정 에비타 흑자 6617만 달러(835억 원)를 냈다. 쿠팡은 커머스 부문의 운영이 이렇게 안정화된 상황에서 2022년 6월 수익 개선을 위해 유료회원제인 와우 멤버십의 월 이용료도 기존 2900원에서 4900원으로 올렸다. 쿠팡에 록인된 충성 고객은 요금제 인상 후로도 증가했다. 이용료를 두 배 가까이 올렸음에도 로켓와우 회원 수는 1년 만에 두 배 넘는 규모로 성장해 900만 명을 돌파했다. 김 의장은 "연내 흑자

● 공식적으로 인정되는 회계원칙GAAP에 따라 공시되는 정보는 아니지만 영업 활동으로 번 사업의 순수 현금 흐름을 보여주는 지표로 활용된다.

를 달성할 수 있다"고 장담했다. 그의 공언에는 근거가 있었고 약속대로 개선된 숫자를 보였다. 3분기에 이어 4분기에도 8340만 달러(1133억 원)로 1000억 원대 영업이익을 내는 데 성공했다. 조정 에비타 기준으로는 연간으로도 흑자였다. 물론 이것은 단순히 숫자의 문제가 아니었다. 쿠팡의 플라이휠이 계획대로 작동했다는 의미였다.

로켓제휴라는 또 다른 황금 열쇠

플라이휠에 올라탄 기업은 크면 클수록 더 빨리 성장한다. 쿠팡의 플라이휠 역시 이처럼 위협적인 패턴을 보일 것임을 암시해 주는 몇 가지 중요한 징후들이 또 있다. 쿠팡이 실제로 흑자를 내기 전까지 전문가들이 가장 먼저 주목했던 것은 쿠팡이 실험 중인 새로운 물류 서비스였다. 쿠팡은 상장 1년 전인 2020년 '로켓제휴'(현 제트배송)란 새로운 서비스를 처음 선보였다. 제트배송은 쿠팡 판매자들의 재고를 쿠팡 물류센터에 입고시켜 놓은 뒤 주문이 들어오면 배송부터 반품 등 사후 CS까지 모두 쿠팡이 전담해 주는 서비스였다.

쿠팡은 재고 부담을 덜 수 있었고, 판매자들은 배송부터 다른 모든 관리까지 쿠팡이 일사천리로 신속하게 전담해 주니 편리했다. 입점 업체들은 수수료가 10%대인 일반 판매보다 훨씬 높은

30%에 달함에도 불구하고 제트배송에 참여했다. 상품 노출 빈도를 높일 수 있는 데다 번거로운 일거리 일체를 위탁할 수 있었기 때문이다. 쿠팡으로선 이미 구축해 둔 로켓배송 물류 체계 안에서 재고 부담도 없이 훨씬 높은 수수료 수익을 얻을 수 있다는 뜻이었다.

제트배송을 처음 선보였던 2020년경 쿠팡이 직매입해 배송하는 로켓배송 상품은 600만 개 정도였다. 반면 일반 셀러들의 판매 상품은 3~4억 개에 달했다. 만약 쿠팡이 재고 부담 없이 훨씬 높은 수수료를 독점할 수 있는 이 수억 개의 상품까지 직접 배송하기 시작한다면 어떤 일이 벌어질까. 상상만으로도 위협적인 일이 벌어질 게 뻔했다.

황금알을 낳는 거위가 될 FBC

제트배송은 명백하게 FBAFulfillment by Amazon을 연상시키는 서비스다. 아마존은 2013년부터 자체 배송 시스템으로 판매자들의 상품을 배송해 주는 FBA를 시행 중인데 이는 클라우드 사업과 함께 아마존의 핵심 수익원이 됐다. 풀필먼트 서비스는 아마존 전체 매출의 약 20%를 차지한다. 글로벌 물류 연구·컨설팅 회사인 암스트롱&어소시에이츠에 따르면 아마존이 FBA로 벌어들인 매출은 2017년 126억 달러(15조 원)에서 2020년 318억 달러(37조 6000억 원)로 늘었을 것으로 추산된다. FBA가 전체 물류 시장에서 차지하는 비중은 60%에 이른다.

전문가들은 FBA가 그랬던 것처럼 쿠팡의 제3자 물류인 FBC Fulfillment by Coupang 역시 쿠팡의 플라이휠을 가속시킬 중요한 황금 열쇠가 될 것으로 내다봤다. 2021년 기준 로켓배송으로 처리되는 품목은 쿠팡 전체의 5.34%에 불과했다. 나머지는 모두 일반 셀러 상품이었다. 막강한 물류 인프라를 보유한 쿠팡이 본격적으로 이들을 대상으로 한 물류 사업에 진출한다면 로켓배송은 '황금알을 낳는 거위'로 탈바꿈할 수 있었다.[8] 쿠팡 자체적으로도 근미래에 이익을 내기 위한 중요한 사업으로 쿠팡 풀필먼트 서비스를 꼽았다.

"풀필먼트 서비스의 베타 테스트에 참여한 판매자들이 의미 있는 매출 확대를 보여주고 있고 특히 규모가 작은 중소 사이즈의 판매자들일수록 성장세가 더 높다. 가까운 시기에 쿠팡 풀필먼트 서비스를 확대하기 위한 일들을 할 것이다. (…) 실제로 쿠팡 풀필먼트가 의미 있는 역할을 하게 될 것으로 본다."[9]

FBC를 통해 쿠팡의 플라이휠이 가속되는 것은 경쟁 업체들로서는 섬뜩한 상황이다. '쿠팡 없이 어떻게 살았을까?'라고 생각하는 세상을 만들겠다는 이 회사의 무서운 야심대로, 소비자 물류를 완전히 독점할 수 있는 시점이 '실제로' 도래하고 있다는 뜻이기도 하기 때문이다.

트래픽을 장악하고 있다는 것

쿠팡 흑자의 또 다른 길목은 트래픽 그 자체에서 나온다. 광고 수익이 대표적이다. 쿠팡이 쿠팡플레이를 선보인 이유는 아마존이 그랬듯 쿠팡 생태계 안에 고객들을 확실히 록인시키기 위해서였다. 이렇게 록인된 고객들은 또 다른 수익 창출의 원천이 될 수 있었다. 아마존은 사업 부문별 영업이익을 별개로 공개하지 않지만, 전문가들은 아마존의 광고 사업이 아마존 웹 서비스AWS에 맞먹는 캐시카우 역할을 하고 있을 것으로 평가한다. 아마존 광고 사업은 2021년의 전년 대비 49% 성장했는데 이는 AWS 부문의 성장률(39%)보다 훨씬 높은 수치였다. 광고 사업은 따로 투입해야 할 비용이 거의 없기 때문에 영업이익이 높다.

쿠팡 역시 광고 비즈니스 관련 유의미한 성과를 올리기 위한 계획을 가동했다. 김범석 의장은 "아직 초기 단계에 있지만 광고가 향후 이윤에 크게 기여할 것으로 기대하고 있다"고 말했다.[10]

광고는 트래픽과 솔루션만 갖춰진다면, 원가가 거의 들지 않는다. 콘텐츠 효과를 통해 쿠팡 전체 이용자가 늘어나고 쿠팡의 생태계에 묶이는 이들이 더 많아질수록 쿠팡이 자사 플랫폼을 통해 얻을 수 있는 광고 수익은 많아질 수밖에 없다. 광고 매출이야말로 고스란히 이익으로 남는다. 쿠팡은 2021년 말 아마존 출신 광고 비즈니스 전문가를 영입했다. 광고 비즈니스로 돈을 벌기 시작한 아마존 모델을 좇아가기 시작한 것이란 평가가 나왔다.

쿠팡이 흑자로 전환할 수 있을지와 그 시기가 언제가 될지는 언제나 시장의 중요한 관심사였다. 쿠팡은 흑자를 냈다. 그리고 조합할 수 있는 여러 버전의 쿠팡 흑자 '비밀 레시피' 역시 공개됐다. 이제 남은 것은 레시피에 따른 결과물이 실제로 어떻게 나올지를 지켜보는 일뿐이다.

선을 넘는 쿠팡

- ▲ 창업과 동시에 준비한 미국 상장
- ▲ 유니콘이 된 한국 스타트업
- ▲ 쿠팡은 비현실적인 것을 원한다
- ▲ 여전히 남겨진 숙제들

6
탐험

한계 없음

쿠팡은 창업 직후부터 미국 증시 상장 목표를 세우고 관련
사안을 차곡차곡 준비해 왔다. 2011년 설립한 지 1년도 안
된 시점에서 '미국 IPO를 계획하고 있다'며 대형 회계법인
의 외부감사를 자청했다. 당시 규모, 업력 등으로 봤을 때
쿠팡은 외부 감사 대상조차 아니었다. 하지만 미국 상장 경
험이 있는 감사인으로 팀을 꾸려달라고 특별히 요청하기도
했다. 당시 담당 회계법인조차 '돈키호테 같은 발상'이라고
반신반의했다.

5개월 만에 울린
오프닝 벨

최단기간 상장 신기록을 세운 쿠팡

2021년 2월 쿠팡은 설 연휴 기간 국내 미디어를 뒤흔든 뉴스를 발표했다. 미국 뉴욕 증시에 상장신고서를 제출했다는 것이었다. 국내 유니콘 기업이 뉴욕 증시에 상장하는 것은 역대 처음 있는 일이었다. 기존에 공언했던 나스닥이 아니라 뉴욕 증시를 택한 점도 화제였다. 적자 기업 쿠팡이 뉴욕 증시의 문을 두드렸다는 건 모두를 충격에 빠뜨리기에 충분했다.

쿠팡의 상장은 여러 면에서 기록적이었다. 일단 준비 기간부터 그랬다. 쿠팡이 미국 증시에 상장하기까지 걸린 시간은 단 5개월에 불과했다. 이는 역대 최단기간이다. 까다로운 상장 요건에 맞추기 위해 미국 현지 기업들은 평균 2년 이상을 상장 준비에 투자한다.

쿠팡이 미국 증시에 상장한 최초의 한국 기업(엄밀히는 한국에서 사업을 영위하는 기업)이었던 건 아니다. 닷컴 버블 당시였던 1999년 최초로 나스닥에 상장한 두루넷 등을 비롯해 다양한 통신·기술·금융 기업들이 나스닥과 뉴욕 증시에 진출한 적이 있다.* 한국 기업들의 미국 증시 진출 속도는 평균적으로 미국 현지 기업들보다 훨씬 빨랐다. '빨리빨리'에 익숙한 한국 기업들은 대체로 1년 안에 상장을 끝냈다. 준비 기간이 길수록 비용도 기하급수적으로 늘었기 때문이다.

하지만 이 같은 '한국적인 속도'를 감안하고 봐도 쿠팡의 상장은 역대 가장 짧은 신기록이었다. 쿠팡이 최단기간 미국 상장의 신기록을 세울 수 있었던 것은 설립할 때부터 철저하게 미국 상장을 계획해서 준비된 상태였던 덕이 컸다. 충분히 잘 준비돼 있었기 때문에 5개월이란 시간을 예외적으로 짧은 시간이라고만 치부할 수 없었다. 오래전부터 준비된 철저한 계획이 있었기 때문이다.

● 단, 두루넷을 제외한 모든 한국 기업들이 우회 상장의 한 방식인 주식예탁증서ADR 방식을 통해 상장했다.

외부 감사를 자청했던 신생 스타트업

뉴욕 증시에 상장한 쿠팡은 정확히는 '쿠팡Inc'란 회사다. 쿠팡Inc는 2010년 미국 델라웨어주에서 설립된 미국 회사다. 한국에서 사업을 하고 있는 우리가 아는 '주식회사 쿠팡'은 쿠팡Inc가 지분 100%를 가지고 있는 비상장 자회사다. 쿠팡이 한국에서 사업을 시작하기 전, 창업자인 김범석 의장은 이미 델라웨어에 모회사를 설립해 뒀다는 뜻이다.

미국 델라웨어주는 기업 규제를 최소화한 친환경적인 회사법과 자유로운 경영 활동 보장으로 인해 법인 설립지로 인기가 높다. 2020년 기준 《포천Fortune》 500대 글로벌 기업 중 67.8%(339개사), 2019년 기준 나스닥이나 뉴욕증권거래소에 상장한 147개사 중 88.4%(130개사)가 델라웨어주에 법인을 두고 있다.[1]

창업할 때부터 미국 증시 상장을 염두에 뒀던 쿠팡은 법인 설립도 애초에 미국에서 했다. 그 덕에 이사회 구성에서부터 기업 운영에 이르기까지 제약이 심한 국내법 대신 미국 델라웨어 회사법 적용을 받을 수 있었다. 실제로 쿠팡은 창업 직후부터 미국 증시 상장 목표를 세우고 관련 사안을 차곡차곡 준비해 왔다. 2011년 설립한 지 1년도 안 된 시점에서 '미국 IPO를 계획하고 있다'며 대형 회계법인의 외부 감사를 자청했다. 당시 규모, 업력 등으로 봤을 때 쿠팡은 외부 감사 대상조차 아니었다. 하지만 미국 상장 경험이 있는 감사인으로 팀을 꾸려달라고 특별히 요청하기도 했다. 당시 담당 회계법인조차 '돈키호테 같은 발상'이라고 반신반의했다.[2] 설립 초기부터 쿠팡이 미국 회계 기준과 상장 요건에 맞추어 재무제표와 내부 통제를 꾸준히 준비해 왔음을 보여준다.

창업 1년 후 가진 간담회에서는 나스닥행을 공식적으로 공표했다. 2014년 로켓배송에 쏟을 투자금을 확보하기 위해 미국 상장 문턱까지 갔다 막판에 보류하기도 했다. 쿠팡의 전직 임직원들은 "회사는 언제나 상장 준비 상태였다"고 회고했다. 쿠팡이 모회사 설립부터 미국에 해둔 점과 상장을 대비해 미국 증시 기준으로 지표를 체계적으로 관리해 온 점은 상장 절차를 눈에 띄게 단축할 수 있었던 중요한 요인이었다.

하버드 중퇴자가 세운 '한국의 아마존'

전 세계의 성장주들이 몰려드는 미국 증시에서는 상장하려는 기업이 설령 적자인 상태이더라도 기업의 성장 잠재력을 더 높이 산다. 따라서 해외 상장 전문가들은 미국 상장을 고려할 때 까다로운 상장 요건을 충족하는 것만큼이나 명확한 중장기 비전과 스토리텔링을 중요하게 꼽는다. '왜 이 회사가 미국에 상장해야 하는가'에 대한 분명한 답이 있어야 한다는 것이다.

특히 상장할 회사의 비즈니스를 잘 알려진 다른 회사와 비교할 수 있는 명확한 정의가 필요하다. 상장 역시 단거리 경주처럼 질주하는 한국 기업들이 가장 취약한 점이 바로 이러한 중장기 비전과 스토리텔링이라고 평가받는다. 하지만 쿠팡은 이 부분에서 특히 유리했다. 쿠팡을 전혀 모르는 해외의 투자자들에게도 '한국의 아마존'이라는 말로 자신들이 어떤 비즈니스를 하려는지와 중장기 비전에 대해 간명하면서도 파워풀하게 설명할 수 있었기 때문이다. 미국 상장에서는 상장하려는 기업을 설명할 수 있는 분명한 벤치마크 기업이 있을 때 매우 긍정적으로 평가받는다. 해외 언론은 쿠팡을 "아마존과 도어대시, 인스타카트를 모두 합친 회사"●라고 소개할 수 있었다.

스토리텔링에 있어서도 쿠팡은 흥미로운 요소가 많았다. 하버드경영대학원을 중퇴한 창업자가 세운 '한국의 아마존'이란 문구만큼 한 기업을 소개하기 좋은 헤드라인은 없다. 드라마틱한 성장 속도, 세계에서 가장 성공한 투자자 중 한 명인 손정의의 후원과 그가 운용하는 벤처투자펀드인 비전펀드의 막대한 지원, 전 세계에서 듣도 보도 못했던 '새벽배송', '당일배송' 스토리는 쿠팡에 대한 해외 투자자들의 관심을 끌기에 충분했다. 상장 전 CNBC는 이미 '하버드 중퇴자인 창업자는 어떻게 한국에서 가장 유망한 스타트업을 세웠나'라는 뉴스를 방영하기 위해 서울을 찾아왔다. 《비즈니스 인사이더》, 《포브스》 등 해외 여러 경제 매체

● 도어대시는 미국의 배달 서비스, 인스타카트는 신선식품 배송 업체다.

에서도 주목할 만한 경영인으로 김범석 의장의 기사를 다뤘다.

한국 시장에 대한 가장 큰 오해

한 글로벌 컨퍼런스에서 김범석 쿠팡 의장은 한국의 이커머스 시장에 대한 가장 큰 오해를 꼽아달라는 진행자의 질문에 대해 "한국이 작은 시장이라는 것"이라고 대답했다.[3] 그는 한국 시장이 통념과 달리 작지 않다고 주장했다. 한국은 세계에서 다섯 번째로 큰 이커머스 시장이며 성장 속도로는 미국, 중국에 뒤이어 세 번째로 높다는 게 그 근거였다.

하지만 쿠팡이 실제로 상장해 모두가 예상한 바를 뛰어넘는 몸값을 보여주기 전까지는 이 사실을 실감하기가 쉽지 않았다. 쿠팡은 4조 5000억 원에 이르는 누적 적자 상태에서 그간 예상돼 왔던 나스닥이 아니라 뉴욕행을 선언했고 미국 증권거래위원회 상장 예비 심사 당시 30조 원의 기업 가치를 평가받았다. 상장은 기존 공모 희망가와 발행 주식 수를 모두 뛰어넘어 주당 35달러, 1억 3000만 주 조건으로 이뤄져 공모가로만 72조 원 가치를 인정받았다. 장중 69달러를 터치했고, 종가 기준 시가총액이 100조 원을 넘겼다. 쿠팡이 상장을 통해 공모한 자금은 5조 원에 육박했는데 이는 한국 거래소에서 한 해 통틀어 공모된 전체 금액(4조 5000억 원)에 이르는 규모였다.

국내에서 천덕꾸러기 취급을 받던 기업이 미국 증시에서 거둔 놀라운 성과는 격렬한 '고평가' 논란을 불러일으킴과 동시에 곧 다음의 몇 가지 질문들을 던졌다. 적자 상태인 이커머스 기업의 가치가 이 정도라면, 이커머스를 비롯해 다른 비즈니스도 함께 하고 있는 국내 플랫폼 기업의 가치는 과연 어느 정도일까. 어쩌면 한국 기업들은 우리 생각보다 더 저평가된 상태가 아닐까. 이런 질문은 국내 이커머스 시장 자체를 재평가하게 했다. 어쩌면 쿠팡 말대로 한국은 작은 시장이 아니었다.

벤처 불모지에서 유니콘을 꿈꾸며

쿠팡 상장 후 한동안 뜸했던 미국 상장에 대한 관심이 되살아 났다. 국내에서 미국 상장에 관심이 가장 높았던 때는 2000년대 닷컴 버블 당시였다. 한국 기업 최초로 1999년 두루넷이 나스닥 에 상장했고 이후 미래산업, 하나로텔레콤, 이머신즈 같은 기술 기업이 나스닥에 입성했다. 포스코, 한국전력, KB금융그룹 등의 금융지주사들도 우회 상장 방식으로 뉴욕 증시에 상장했다. 하지 만 이후로는 관심이 현격히 줄어 2011년 반도체 제조 업체 마그 나칩(나스닥), 2016년 도쿄와 뉴욕 증시에 동시 상장한 네이버 자 회사 라인(뉴욕 증시) 이후로는 미국 진출 기업이 나오지 않았다. 최초의 미국 증시 상장사였던 두루넷은 상장 4년 만인 2003년

실적 부진으로 상장 요건을 채우지 못해 퇴출됐다.

사실상 명맥이 끊겼던 미국 증시에 대한 관심은 쿠팡으로 인해 다시 높아졌다. 누가 쿠팡의 다음 주자가 될 것인지에 대한 추측 역시 활발해졌다. 유니콘 기업에 오른 스타트업들도 물망에 오르내리기 시작했다. 무엇보다 긍정적인 효과는 한국 시장이 작고 엑시트(투자 회수)가 어렵다는 편견이 어느 정도 해소되면서 한국 스타트업에 대한 해외 투자자들의 관심이 커졌다는 점이었다. 벤처캐피탈 업계에서는 해외 투자자들의 레이트 스테이지 투자 역시 늘어날 것으로 기대했다. 상장 전 마지막 단계의 대규모 투자를 뜻하는 레이트 스테이지 투자가 늘어날 경우 더 많은 스타트업들이 유니콘 기업의 반열에 오를 수 있다.

10년 전만 해도 국내 스타트업이 해외 투자를 유치하는 것은 쉽지 않았다. 미국 투자자들은 한국 시장에 투자해 본 적도, 관심도 없었다. 아시아계 벤처캐피탈VC조차 중국, 인도에만 집중했다. 쿠팡도 수많은 거절 끝에 그린옥스에서 시리즈 A, 매버릭 캐피탈 등에서 시리즈 B를 유치했다.[4] 하지만 그사이 국내 스타트업 지형은 눈에 띄게 달라졌다. 역대 가장 많은 유니콘 기업들이 해마다 탄생했고, 새로운 투자 라운드가 진행될 때마다 세계적인 투자자들의 이름이 오르내리게 됐다. 여기에는 가장 먼저 그 첫 문을 열었던 한국 스타트업 출신 쿠팡의 성공적인 상장 영향을 결코 무시할 수 없다.

불안한 젠가가
되지 않으려면

창업자보다 보수 높은 직원

쿠팡이 상장에 성공했을 때 가장 주목받은 인물 중 한 명은 창업주인 김범석 의장보다 더 높은 보수를 받고 있다는 한 임원이었다. 화제의 주인공은 우버 출신 투안 팜 최고기술책임자CTO였다. 팜 CTO는 베트남 보트피플 출신으로 2013년 우버에 엔지니어 40여 명, 연간 승차 공유 횟수 1000만 건 수준일 때 입사해 매년 70억 건 이상의 승차 공유를 연결하는 기업으로 성장시킨 것으로 유명한 인물이었다.

쿠팡의 증권거래신고서에 따르면, 김범석 의장은 2020년 연봉 88만 6000달러(9억 7000만 원)에 스톡옵션 1325만 달러

(146억 원) 등을 더해 1434만 달러(158억 원)을 받았다. 투안 팸 CTO의 보수는 그 두 배에 가까운 2764만 달러(304억 원)에 달했다.

이는 쿠팡에서 개발 조직이 얼마나 핵심적인지를 대내외에 단적으로 보여줬다. 회사 내의 누구보다 높은 보상을 받는 것이 전체 개발 조직과 기술을 관장하는 CTO이며 *그가 실리콘밸리의 입지전적인 인물이었다는 사실 자체가* '세계적인 테크 기업'이라는 이 회사의 지향점을 분명히 보여줬기 때문이다. 팸 CTO를 직접 설득해 영입한 것은 김범석 의장이었다. 30년간 테크 기업에서 일하며 원하는 건 다 이뤘다고 생각했던 그는 스스로 우버를 떠났지만, 혁신적인 비즈니스에 대한 김 의장의 열정에 설득당해 쿠팡행을 택했다.•

회사 성장 단계에 맞는 인재 밀도

인재들에게는 인재들과 함께 일할 수 있는 기회 자체가 또 다른 보상이다. 팸 CTO는 복잡한 승차 공유 시스템을 운영해 본 엔지니어 출신인 만큼, 쿠팡의 물류 체계 고도화에서 역할을 할 것이란 기대를 받았다. 하지만 *그가 쿠팡에 온 후 가장 주력하고*

• 투안 팸 CTO는 쿠팡에 합류한 지 2년 만인 2022년 9월경 은퇴했다.

있다고 직접 밝힌 세 가지 중 첫 번째는 다름 아닌 인재 채용이었다. 프로세스 개선, 기술 아키텍처TA 같은 건 그다음 순위였다. 그는 "역량을 총동원해 성장 가속에 도움이 될 글로벌 엔지니어 인재를 데려오겠다"며 "개인적 목표가 있다면 인재 채용에 있어 쿠팡이 구글 같은 기업이 되는 것"이라고 밝혔다. 펨 CTO가 쿠팡에 있다는 사실은 세계적인 개발자들에게 쿠팡으로 가야 할 중요한 이유 중 하나가 돼줬다.

쿠팡은 각 부문에서 대규모 채용을 지속했지만 IT 영역에서의 채용을 가장 중요하게 여겼다. 물류센터에서부터 소비자 집 앞까지 이르는 최적 배달을 위해서는 기술 개발에 특히 공을 들여야 했기 때문이다. 2022년 쿠팡의 개발자는 약 2000명으로 최근 2년간 50% 늘었다. 근속 연수 역시 기술 직군이 가장 높았다. 테크놀로지는 쿠팡이 기업 정체성을 두는 핵심 분야였고 사업의 경쟁력을 좌우할 가장 중요한 역량이었다. 쿠팡은 핵심 조직의 인재 밀도를 유지하기 위해서 가용한 모든 자원을 동원했다.

'외국인 임원들의 무덤'으로 불린 쿠팡

쿠팡의 인재 전략에는 초기부터 분명한 원칙이 있었다. 쿠팡은 초창기 잭 웰치 GE 회장의 인사평가 원칙을 기반으로 실적과 가치관이란 두 가지 지표를 활용해 직원들을 평가했다. 실적은 매출처럼 계량화가 가능한 능력이고 가치관은 회사의 가치관과 개인이 얼마나 부합하는가를 뜻했다. 쿠팡은 두 지표를 중심으로 직원들을 네 부류로 나눴다. 실적과 태도가 모두 우수한 사람은 '스타'였다. 반대로 실적과 태도가 모두 안 좋은 사람은 정리 대상 1순위였다.

중요한 건 실적은 좋지만 태도가 안 좋은 사람, 실적은 별로지만 태도가 좋은 사람을 대하는 방식이었다. 쿠팡은 전자를 '독'이라고 규정했다. 개인이 아무리 좋은 성과를 내도 올바르지 못한 태도를 가지면 조직 전체의 에너지를 망친다고 봤기 때문이다. 반면, 실적은 부진해도 태도가 좋은 사람은 '물음표'로 간주했다. 당장은 성과가 나빠도 주위의 도움이 있으면 스타로 성장할 수 있다고 봤기 때문이었다.

쿠팡은 많은 기업이 물음표와 독 사이에서 독을 선택하는 함정에 빠진다고 봤다. 당장의 작은 실적 때문에 전체 문화를 망치는 길을 택하는 것이다. 하지만 쿠팡은 구성원 모두가 공유하는 강력한 문화가 비즈니스 그 자체보다 더 중요하다고 생각했기 때문에 물음표를 선택했다. 조직의 문화에 동화되지 못한다면 설령 실적이 좋다 해도 남겨두지 않았다.

쿠팡은 급격한 성장 과정에서 국내 대기업 출신들을 다수 영입했지만, 이 회사의 수평적이면서도 급진적이고 고객 중심적인 독특한 문화에 적응하지 못한 이들은 생각보다 훨씬 더 빨리 회

사를 떠나야 했다. 해외에서 영입한 외국인 임원들의 경우도 예
외가 아니었다. 쿠팡이 아마존 등 유수 기업에서 영입했던 고위
임원 중엔 1년을 버티지 못하고 회사를 떠나는 경우도 많았다.
쿠팡은 한때 '외국인 임원들의 무덤'이라고도 불렸다. 실력과 태
도가 회사의 기준에 충족되지 못한다고 판단되면 자원을 낭비하
지 않았기 때문이다.

불안한 젠가가 되지 않으려면

　쿠팡은 회사의 성장 단계에 맞지 않는 인력으로 구성된 조직
은 젠가 퍼즐처럼 불안정하다고 봤다. 스타트업 초기엔 회사의
니즈needs에 적합했던 멤버가 회사가 커지고 난 이후에는 회사가
요구하는 역량과 맞지 않는 경우가 자주 발생했다. 인적 구성을
바꾸는 일은 어떤 조직에서나 고통스럽고 힘들지만, 그 숙제를
제대로 풀지 못하면 결국 성장을 담보할 수 없었다. 김범석 의장
은 "회사에 연관돼 있는 수많은 직원과 그들의 가족, 고객을 생각
하면 그 한 사람을 위해서 리스크를 짊어지는 것이야말로 무책임
한 일"이라고 말했다.[5]
　쿠팡은 회사가 성장할 때마다 매 단계에 맞는 과감한 인적 구
성을 추구했다. 근속 연수, 나이, 경력 등을 감안해서 봐주거나 적
당히 끌어안고 가지 않았다. 반대로 실제 회사의 성장에 기여하

는 역량과 실적, 고객 집착과 수평적 조직 문화로의 동기화 여부가 중요했기 때문에 직군에 맞는 역량을 갖췄을 때는 누구에게나 기회를 줬다. 쿠팡은 회사가 커지고 새로운 영역으로 피보팅할 때마다 적합한 최고 역량의 사람들을 찾아냈다. 세계적인 인재의 영입은 그 연장선 혹은 정점에 있었다. 회사가 성장하기 위해서는 결국 사람이 가장 중요했다. 최고의 인재 밀도를 유지하는 것은 기업의 성장과 직결되는 일이었지만, 그것은 결국은 조직이 무엇을 추구하고 있는지를 보여주는 가장 핵심적인 문화이기도 했다.

깊이 잠수할
준비가 됐습니까?

파헤치되 끝까지 파헤쳐라

쿠팡이 정한 열다섯 가지 리더십 원칙 중 가장 중요한 원칙은 'Wow the customer'(고객을 감동케 하라)다. '와우'는 고객 일상의 혁명적 변화를 이끌어감으로써 '쿠팡 없이 어떻게 살았을까' 궁금해하는 세상을 만들겠다는 이 회사의 비전을 압축한 단어다. 이 핵심을 구현하기 위해 이들이 일하는 방식과 문화를 가장 잘 보여주는 원칙 중 하나가 '다이브 딥'Dive deep이다. 다이브 딥은 말 그대로 어떤 문제가 생겼을 때 피상적으로 훑어보고 끝내는 것이 아니라 근본 원인까지 집요하게 탐구하는 자세를 뜻한다. 이들은 그 어떤 이유에서든 문제를 적당히 남겨두고 돌아서는 것을 용납하지 않는다. 어떤 의문도 남겨두지 않는 상태No task is beneath us까지 끝까지 파헤친다.

다이브 딥은 쿠팡의 모든 조직에서 작동한다. 처리해야 할 일이 생기면 문제를 보는 프레임워크framework, 즉 문제 해결의 틀을 짜고 순차적으로 문제의식을 심화시켜 해결을 도출하는 방법을 찾아낸다. 이렇게 심화된 문제의식을 바탕으로 끌어낸 해결책은 실제 비즈니스에도 바로 적용된다. 쿠팡은 개발자 행사인 '2021년 리빌'에서 다이브 딥으로 문제를 해결한 실례를 발표했다.

쿠팡의 카테고리 관리 팀은 애플 맥북의 특정 모델을 쿠팡 앱에서 검색했을 때 어떤 결과가 뜨는지 살펴봤다. 그 결과 총 10개의 상위 검색 결과 중 9개가 검색한 모델과 전혀 상관없는 제품이란 사실을 알게 됐다. 심지어 그중 5개는 노트북조차 아니었다. 이 팀은 '딥 다이브' 모델을 가동했다. 우선 고객 경험을 현저하게 저해하는 이런 결과가 어떻게 나오게 됐는지 분석했다.

그 결과 기존 검색 프로그램이 신발이나 음료수처럼 '검색했을 때 다양한 상품이 노출될수록 좋은 상품' 중심으로 짜여 있기 때문이란 사실을 발견했다. 다른 문제점도 발견해냈다. 고객들이 많이 찾는 노트북의 재고가 없었고, 제품 설명 페이지에는 구매 결정에 필요한 필수적인 정보가 누락돼 있었다. 노트북이란 카테고리만 집요하게 분석하면서 찾아낸 문제점이 총 30개가 넘었다. 이 팀은 이렇게 찾은 문제점을 바탕으로 반드시 개선해야 하는 우선순위를 정해 개선 작업에 착수했다.

이후 검색 결과 10개 중 8개가 고객 의도와 일치하게 나왔고 고객은 다양한 사양의 맥북을 쉽게 찾을 수 있게 됐다. 카탈로그 데이터 품질과 필터링 기능 개선에도 힘썼다. 새로운 검색 페이지 레이아웃을 만들어서 노트북처럼 복잡한 상품명이 노출되는 방식을 표준화했다. 이어진 일련의 개선은 구매 전환율과 시장 점유율 확대로 이어졌다. 노트북 검색 결과를 대상으로 한 다이브 딥 원칙이 고객 경험과 판매율 개선까지 동시에 이끌어 낸 셈이다.

5WHYS와 포카요케

쿠팡은 설령 실패할지라도 집요하게 문제를 물고 늘어져 실패의 원인을 찾아내는 태도를 높이 산다. 그런 의미에서 다이브 딥과 비슷하게 통용되는 것이 '5WHYS'다. 어떤 문제가 발생하면 '왜?'란 질문을 다섯 번 반복해 던지면서 문제의 발생 원인을 계속해서 추적해 나가는 방법이다. 이는 포카요케(재발 방지 대책)라는 용어로 불리기도 한다. 포카요케는 바둑이나 장기를 둘 때 어처구니없는 악수를 피하는 방법이라는 뜻의 일본어다. 도요타의 산업 엔지니어이자 품질 전문가였던 시게오 싱고가 고안한 방법으로 사용자의 실수나 오류를 초래할 수 있는 행동을 제한하는 장치를 미리 만들어 뒤 품질을 관리하는 방법이다.

예를 들어 잘못 누를 경우 화상의 위험이 있는 정수기의 온수 버튼에 온수 작동 버튼을 추가로 만들어 실수할 수 있는 행동 자체를 억제하는 것도 일종의 포카요케다. 자동차 기어가 P에 놓였을 때만 시동이 걸리도록 한 장치 역시 포카요케의 하나다.

쿠팡은 서비스에 장애가 발생하면 왜 장애가 발생했는지 분석하고 개선할 부분을 찾기 위해서 이러한 포카요케 찾기를 가동한다. 문제가 생긴 현상에서부터 '왜?'라는 질문을 시작한 뒤 다섯 번에 걸쳐 '왜?'를 반복함으로써 질문을 심화시키는 5WHYS를 거친다. 그 과정을 반복하여 근본적인 원인을 찾아내고 그를 바탕으로 똑같은 문제를 다시는 발생시키지 않을 포카요케를 만들어 낸다.

물류창고에서 벌어진 오배송 사건

로켓프레시 물류센터를 오픈한 직후였다. 목적지 설정이 잘못되는 바람에 4000건 넘는 배송이 잘못 이뤄지는 사건이 발생했다. 쿠팡은 이런 문제가 발생할 때 언제나 그래왔듯이 5WHYS를 통해 문제의 원인을 찾기 시작했다. 이 경우는 물류센터에서 목적지 입력 페이지의 스크롤을 내리는 동안 데이터 정보가 변경된 것을 인지하지 못한 채 저장을 눌러버려 생긴 사고였다.

쿠팡은 사고의 정황과 귀책 유무를 파악한 일에서 그치지 않고 사건이 생긴 근본 원인도 따져봤다. 이 건의 경우 근로자의 착오로 어떤 센터에서도 발생할 수 있는 문제였다. 쿠팡은 주문을 실시간으로 반영해 피킹을 했는데, 그러다 보니 근로자들 배치가 계속 달라졌다. 이 때문에 물류센터 운영자들은 배송 관련 화면을 수시로 들여다볼 수밖에 없었는데 그 과정에서 조작에 실수가 생겼던 것이다. 이 사고가 생기기 이전까지 스크롤 한 번으로 이렇게 큰 오류가 날 수 있다는 점을 누구도 심각하게 인지하지 못하고 있었다.

다이브 딥을 통해 사고 원인이 운영 체계의 허점에 있었다는 걸 알게 된 쿠팡은 관련자들에게 어떤 징계도 하지 않았다. 대신 물류센터에서 배송지 입력 페이지가 수정되지 않도록 막았다. 재발 방지책 포카요케의 수립이었다. 오배송 사건은 물류센터에서의 조작 실수로 배송지가 바뀔 위험성을 원천 차단한 조치를 보강하는 것으로 마무리됐다.

포카요케에 집중하는 전략은 원인을 분명히 파악하고 똑같은 문제가 재발하는 상황을 막는 데 에너지를 집중하기 때문에 효율적이고 생산적이다. 어떤 문제에서도 반드시 개선할 점과 교훈을 찾아내기 때문이다. 이는 선순환이 반복되는 자동 순환 고리self-reinforcing loop를 확립하게 해준다. 쿠팡은 실수나 오류가 생기면 그 부분만 고치고 단선적으로 끝내버리는 게 아니라 전체 시스템이 더 효과적으로 운영될 수 있도록 개선점이 반영된 순환 프로세스를 계속 돌렸다. 새로운 피드백이 가미되면 될수록 전체 플랫폼이 계속 진화하는 선순환 메커니즘이 만들어지는 구조였다. 선순환 메커니즘 아래에선 어떤 실패도 그냥 실패로만 끝나지 않았다.

원칙이 비즈니스를 이끌어가는 조직

다이브 딥이나 5WHYS 원칙은 쿠팡의 모든 직군에서 동일하게 적용된다. 채용할 때도 이 원칙은 예외 없이 적용된다. 면접관은 계속해서 '왜?'라는 질문을 던지면서 지원자를 압박한다. 계속 좁혀지는 '왜?'의 포위망 때문에 거짓말은 통하기 어렵다.

다이브 딥에 대한 쿠팡의 자체 주석은 이렇다.

"뛰어난 운영은 디테일에 대한 열정을 가진 리더로부터 시작된다. 리더는 어딘가 이상한 부분을 발견하면 사안을 완벽하게 이해할 때까지 모든 단계를 구석구석 파고들어 파악하며 이를 통해 적절한 인재에게 권한을 주고 결과를 만들어 낸다. 리더가 굳이 보지 않아도 될 사소한 일이란 없다."

긴급성과 가차 없는 우선순위로 모든 일을 속전속결로 진행하는 쿠팡은 뼛속까지 '로켓배송'의 피가 흐르는 기업이다. 로켓배송, 로켓와우, 쿠페이 등 어떤 새로운 서비스를 출시해도 단 2개월을 넘기지 않았다. 한 달에 한 개씩 새로운 규모의 물류창고를 그 야말로 뚝딱뚝딱 오픈했다. 하지만 다이브 딥은 가장 작은 것까 지 끝까지 물고 늘어져 문제의 근본 원인을 찾아내고야 마는 천 착을 표현한 문구다. 이 원칙이 흥미로운 건 쿠팡 조직문화의 또 다른 중요한 한 축인 '속도'와 완전히 배치된다는 데 있다. 쿠팡 은 리더십 원칙에서 다이브 딥만큼이나 가차 없는 우선순위 Ruthless Prioritization와 긴급성Move with urgency을 강조한다. 한 회사 의 리더십 원칙에 거침없는 속도감과 가장 작은 디테일에 대한 광적인 집착이 공존한다. 다이브 딥은 쿠팡이란 조직의 경쟁력을 설명해 주는 모순적이면서도 상호 보완적인 한 축이다. 이 이질 적이면서도 모순적인 두 가치가 충돌하며 빚어낸 결과물이 쿠팡 의 정언명령과도 같은 고객 감동의 순간인 '와우'wow인 셈이다.

쿠팡의 열다섯 가지 리더십 원칙
Leadership Principles

Wow the Customer

고객은 언제나 모든 결정의 시작과 끝

Ruthless Prioritization

반드시 이겨야 하는 단 하나의 전투에 집중

Company-wide Perspective

회사 전체 이익의 최우선적 추구

Dive Deep

의문을 남기지 않는 완벽한 이해

Think Systematically

결함이 반복되지 않는 프로세스

Simplify

광적인 간소화

Deliver Results with Grit

한번 시작한 일을 반드시 끝내겠다는 집념

Disagree and Commit

건설적 의견 대립 후 헌신

탐험

Hire and Develop the Best
최고 인재에 대한 투자

Influence without Authority
지위가 아닌 지식이 권위

Aim High and Find a Way
비현실적인 목표와 근본적인 해결책

Learn Voraciously
최고의 아이디어를 향한 갈구

Demand Excellence
탁월한 기준

Move with Urgency
긴박한 위기의식

Hate Waste
성과에 도움이 되는 근본적 비용 절감

쿠팡은
비현실적인 것을
원한다

한국 모델로 아시아 시장 공략

2021년 6월 쿠팡은 김범석 의장의 국내 의장직 사임과 관련된 보도자료를 냈다. 쿠팡이 이에 대해 공식적으로 밝힌 사유는 "글로벌 경영에 전념하기 위해서"였다. 쿠팡은 그해 3월 뉴욕증권거래소NYSE 상장 당시 제출한 미국 증권거래위원회SEC 신고자료에서 "사업을 다른 국가로 확장할 수 있다"고 언급하며 해외 진출 계획이 있음을 드러냈다. 하지만 그 시기가 언제 어떤 방식이 될지 등에 대해서는 계속 즉답을 피하면서 신중한 태도를 보여왔다. 해외 진출 계획에 대한 답을 피할 때마다 쿠팡은 국내 시장이 결코 작지 않은 곳임을 지속적으로 피력했다. 당장은 해외

탐험

시장보다 한국 시장에 집중하는 것이 옳은 전략임을 강조하기 위해서였다.

하지만 창업자가 직접 나서면서부터는 기조가 확연히 달라졌다. 해외 진출을 공식화하고 보다 적극적인 모색에 나섰다. 김 의장은 국내 법인의 대표이사직을 내려놓은 데 이어 이사회 의장과 등기이사에서도 사임하면서 글로벌 경영에 치중하겠다는 의지를 드러냈다.[*] 실제로 그 무렵부터 해외 진출에 속도가 붙었다. 쿠팡이 가장 먼저 공략한 곳은 인구 밀도가 높은 도심 기반의 아시아 국가들이었다. 한국 시장에서 쌓은 노하우를 적용해 보기 가장 용이한 지역들이란 공통점이 있었다.

일본·대만 시장 탐색 시작

쿠팡은 2021년 4월 싱가포르에 해외 법인을 설립했다. 물류, 마케팅, 영업 분야 등에서 채용이 시작되면서 쿠팡이 동남아 진출 교두보로 싱가포르를 선택한 것이란 분석이 나왔다. 싱가포르는 인구 590만이 '밀집형 도시'에 몰린 특성 때문에 쿠팡의 로켓 배송을 구현하기 가장 적합한 곳 중 한 곳으로 여겨졌다. 실제로

---

[*] 김범석 의장은 뉴욕 증시 상장법인인 쿠팡Inc 최고경영자CEO와 이사회 의장직만 유지했다.

쿠팡은 2020년 7월 싱가포르 OTT 업체인 훅을 인수하기도 했다.

하지만 실질적인 배송 사업은 일본과 대만에서 먼저 시작됐다. 비슷한 시기 쿠팡은 도쿄에 일본 법인을 설립하고 두 달 뒤인 6월부터 도쿄도 시나가와구에서 시범 서비스를 시작했다. 쿠팡은 일본 진출 당시 꼭 필요한 최소한의 준비로 빠르게 프로젝트를 실행하는 특유의 조직문화인 MVP 방식을 적용했다. 시나가와구 중에서도 나카노부 지역만을 대상으로 퀵 커머스 방식의 배송 서비스를 작고 빠르게 선보였다. 소형 점포를 물류센터로 두고 인근에서 주문이 들어오면 곧바로 배달하는 방식이었다. 일반적인 슈퍼에서 판매하고 있는 야채·고기·생선 등의 신선식품 이외에도 화장품 등 폭넓은 가공식품과 일회용품 등을 취급했다. 일본 1호점 서비스를 선보인 데 이어 3개월 만에 2호점을 열고 도쿄 메구로와 시부야 지역에 배달 서비스를 시작했다.

일본의 이커머스 시장은 싱가폴만큼이나 잠재력이 큰 곳으로 평가 받는 곳이다. 일본 전자상거래 시장은 1870억 달러로 세계 4위 규모(2020년 기준)다. 하지만 일본의 전체 상거래에서 전자상거래가 차지하는 비중은 6.76%에 불과하다. 아직 미개척된 시장이 90% 이상이란 뜻이다.

얼마 뒤 대만 타이베이 일부 지역에서도 즉시 배송 서비스를 시작했다. 쿠팡 대만 현지 법인은 '10분 내 배송 완료', 전 상품을 친환경 소재로 만든 종이 가방에 담아 배송하는 '제로 플라스틱'

등을 주요 정책으로 내세웠다. 대만에는 배달 업체 우버이츠, 푸드판다 등의 경쟁 업체가 있었고 동남아시아 1위 전자상거래 업체 쇼피의 배송 서비스 쇼피프레시가 영업 중이었다. 쇼피프레시는 주문 4시간 안에 배송했다. 쿠팡은 경쟁사들과의 차별화를 꾀하기 위해 배달 시간을 훨씬 단축시켰다. 쿠팡은 2021년 7월 대만 수도 타이베이의 중산구에서 처음 퀵커머스 서비스를 시작했는데 2개월 만에 2호점을 냈고 1년이 안 돼 6개 구로 대상 지역을 확대했다. 대만 진출 성과가 빠르게 가시화되면서 로켓배송·로켓직구 서비스도 시작했다. 한국에서 성공했던 직매입 직배송 기반의 동일한 로켓배송 서비스를 제공하기 위해 대만 북부 지역에 대형 물류센터도 마련한 것으로 알려졌다. 대만은 '로켓배송'의 글로벌화 가능성을 점쳐볼 수 있는 가장 중요한 테스트 베드가 됐다.

쿠팡이 해외로 간 까닭

쿠팡의 해외 영업 실적은 자세히 공개된 바 없다. 하지만 전문가들은 쿠팡의 이 같은 해외 진출이 선택이 아니라 필수적인 과업이었을 것으로 봤다. 국내 소매 시장을 600조 규모로 잡아도 미국이나 중국과 비교하면 10분의 1에도 미치지 못하는 규모였다. 그중에서도 일부분인 온라인 시장을 네이버 같은 강력한 플랫폼 기업이나 추격을 지속하는 다른 경쟁자들과 나눠 가져서는 성장에 한계가 있을 수밖에 없었다. 아마존 역시 로컬 기업인 11번가와의 제휴 형태이긴 하지만 2021년 국내 시장에 진출했다.

쿠팡은 2017년 배송 기간을 3~5일로 단축시킨 로켓직구 서비스를 선보이며 아마존의 국내 진출 위협을 일찌감치 방어해 왔다. 하지만 직구 서비스도 국내 시장에서의 경쟁에 불과했다. 판 자체를 키우기 위해서는 결국 해외로 가야 했다. 업계에서는 10년간 한국 시장에 집중해 왔던 김범석 의장이 어느 정도 자리매김한 국내 시장은 전문경영인들에게 맡겨두고 새로운 성장 동력을 찾아 나선 것으로 평가한다. 해외 시장은 쿠팡의 중요한 관심사 중 하나가 됐다. 실제로 쿠팡은 2021년 6월 부산에 2200억 원 규모의 물류센터 투자를 발표하면서 해외 진출의 전진기지로 삼겠다고 강조했다. 수출입에 유리한 지리적 이점을 바탕으로 글로벌 네트워크 구축 및 해외 진출 시 중요 거점으로 삼겠다는 것이었다.

쿠팡은 빠른 배송을 근간에 두고 국가별 차별화된 전략을 세우고 있다. 어떤 전문가들은 쿠팡이 쿠팡플레이 서비스를 런칭한 이유 중 하나도 한류 열풍이 강한 동남아 진출을 위한 전략적 포석으로 봤다. 물류창고 설비 등 에셋 헤비asset heavy한 시스템을 무턱대고 투입하는 대신 콘텐츠 등 에셋 라이트asset light한 접근으로 해외 시장을 먼저 공략한 뒤 고객을 록인시키겠다는 전략일 것이란 설명이었다. 한 물류 담당 전문가는 "중국 셀러를 활용해 세계 각국에 빠른 배송 기반의 염가 상품을 유입시키고 있는 아마존의 위협에 대응하고 추가 성장성을 확보하기 위해서 크로스보더cross border 이커머스는 쿠팡에서도 당면 과제가 됐다"고 말했다.

쿠팡은 비현실적인 것을 원한다

2021년 미국 경제지 《포천》이 주관하는 포럼에 연사로 참석한 김범석 의장은 "쿠팡은 비현실적인 것을 원한다"고 말했다. 현실적 고객 경험은 이미 있는 것, 혹은 새롭지 않은 것이란 뜻이기 때문이다. 쿠팡은 해외 고객에게도 '쿠팡 없이 어떻게 살았을까' 하는 감탄사 '와우'를 끌어내기 위해 새로운 쇼핑 경험 모색에 나섰다.

쿠팡에서 근무했던 직원들이 가장 많이 기억하고 있는 김 의장의 어록 중 하나는 "지금보다 백 배 더 잘하려면 어떻게 해야 하냐"는 질문이었다. 쿠팡에서 개선의 기준은 두세 배 혹은 기껏 해야 열 배 정도가 아니라 언제나 백 배였다. 현상 유지가 최대의 목표인 조직에서라면 개선과 변화의 기본값이 백 배라는 것은 불가능할 뿐 아니라 충격적으로 비현실적인 말일 것이다.

하지만 이 회사는 집요하고 일관된 방식으로 그처럼 '비현실적인 것'을 추구해 왔다. 김범석 의장은 "고객 경험을 5%나 10% 정도 향상시키겠다는 것은 열정과 시간, 재능의 낭비에 불과하다"며 "우리의 비전과 목표는 고객 경험을 백 배 이상 높이는 것이고 백 배 정도 나은 경험을 할 때 사람들은 '이거 없이 어떻게 살았을까'라는 생각을 하게 된다"고 말했다.[6] 쿠팡이 한국에서 제공해 온 파격적인 고객 경험을 다른 국가에도 새롭게 적용하겠다는 목표는 이들이 꾸고 있는 또 한 번의 비현실적인 꿈인 것이 분명해 보인다.

테크래시 공습의 그림자

상장신고서에 나타난 쿠팡의 리스크

쿠팡의 리스크가 궁금하다면 상장신고서를 보면 된다. 미국 상장 시 기업들은 투자자 보호를 위해 예측 가능한 모든 리스크를 가급적 상세히 고지할 것을 요구받는다. 리스크 고지가 제대로 돼 있지 않을 경우 향후 소송 등의 위험 부담이 있기 때문에 자세히 쓸수록 기업 입장에서는 면책의 여지가 커진다.

쿠팡의 경우에도 예외가 아니다. 상징신고서에는 쿠팡이 당면한 거의 모든 종류의 리스크와 불확실성이 기재돼 있다. 재무적 이슈, 기업 환경의 변화, 인재 이탈의 가능성에서부터 팬데믹 상황을 비롯한 다른 재해로 인한 운영 차질 가능성, 경쟁적인 외부

환경, 해외 진출로 인한 손실 위험, 인건비, 노동과 노무 이슈, 한국 정부의 규제와 중대 재해법 등으로 인한 리스크까지 망라돼 있다.

특히 최근 들어서 우려가 높아지고 있는 점은 심화되는 이커머스 시장 내 경쟁과 플랫폼 기업에 대한 각종 규제, 그리고 높아지는 반기업 정서 등이다.

상장신고서에 명시화된 리스크와는 별도로 한국 사회가 민감해야 하는 국적 논란도 쿠팡으로선 부담 요인이다. 쿠팡은 한국에서 사업을 하며 직원을 고용하고 있지만 대중의 정서는 기업 활동이 어디에서 주로 일어나고 있느냐보다는 고위 임원 중 외국인 비율과 창업자 국적에 맞춰져 있다. 회사 설립 지역이 미국 델라웨어주라는 점과 회사를 키운 중요한 자본이 일본에서 왔다는 사실 등도 국내에서는 논란거리가 된다. 쿠팡의 뉴욕 증시 상장에 대한 주요 부처의 엇갈린 발언은 이런 복잡한 상황을 상징적으로 보여준다. 쿠팡 상장 다음 날 경제부총리는 "한국 유니콘 기업의 쾌거"라고 추켜세웠지만, 정작 '그런 유니콘 기업'을 관리하는 주무 부처인 중소기업벤처부 장관은 "미국 기업이 미국에 상장한 것일 뿐"이라고 냉정하게 선을 그었다. 둘 중 누구 말이 맞느냐를 놓고도 한동안 갑론을박이 오갔다. 어쨌든 이런 국적 논란은 쿠팡이 불리한 상황에 놓여있을 때면 예외 없이 언급되면서 이슈의 휘발성을 부정적인 방향으로 높이는 데 일조했다.

한국에도 상륙한 테크래시의 공습

사실 플랫폼 기업 성장에 대한 전반적인 반감은 국내에서만 벌어지고 있는 현상이 아니다. 미국, 유럽 등 해외 주요 국가들은 구글, 페이스북, 애플, 아마존 같은 기업들의 성장세를 제한하기 위해서 여러 가지 규제를 논의 중에 있다. 전 세계적으로 드리워지고 있는 테크래시의 공습 때문이다. 테크래시는 '기술'tech과 '역풍'backlash을 합친 용어로 빅테크 기업에 대한 반감이나 반발을 뜻한다. 빅테크 기업의 과도한 성장이 시장 독점이나 사생활 침해 등 부작용을 낳는다고 보고 이들의 성장을 견제하고 사회적 책임을 지울 필요가 있다고 보는 목소리에 힘이 실리고 있는 것이다.

아마존의 이사회 임원들은 마크 레빈슨의 『그레이트A&P 및 중국 중소기업 수난사』란 책을 함께 읽기도 했다.[7] 20세기 처음 등장한 식료품 체인점 그레이트A&P는 시장을 장악하는 데 성공했지만 '강압적이고 약탈적인 가격 정책으로 경쟁 업체를 약화시킨다'는 비판과 반독점 여론에 적절히 대응하지 못함으로써 파멸을 자초하게 됐다. 아마존 임원들이 이 책을 고른 것은 그레이트A&P가 처했던 상황과 아마존 같은 빅테크 기업이 직면한 현실이 여러 면에서 흡사하기 때문일 것이다. 기술 대기업은 '파괴적 지배자'로 여겨지기 시작했고 이들에 대한 여론은 어느 때보다 비우호적이다. 기술 기업의 권력 남용과 영세 업체 괴롭힘을 막기 위한 규제도 강해지고 있다. 아마존이 그레이트A&P의 파국 스토리에서 위협감을 느낄 정도였다면, 쿠팡 역시 마찬가지일 수 있다.

플랫폼 기업에 대한 규제를 강화하는 정책적 기조는 이 기업의 취약점을 특히 도드라져 보이게 한다. 쿠팡은 고객 집착을 너무 강조한 나머지 내부 직원이나 협력사들에는 가혹하다는 의심을 받아왔다. 납품 업체를 상대로 한 불공정거래 혐의나 가맹점주에게 요구하는 혹독한 기준, 배달업계 종사자 처우 문제, 골목 상권 침해 논란은 테크래시 트렌드와 결합돼 '반쿠팡 정서'를 강화시켰다. 한 번 자리 잡은 일부의 반감 정서는 계속 약점이 됐다. 재사용 보냉백 '로켓프레시백'을 도입하고 배송·물류센터 직원 복지를 강화해도 ESGEnvironment·Society·Governance 경영은 툭하면 쿠팡의 취약점으로 거론됐다. 쿠팡은 '고객 최우선주의'를 위해 다른 모든 것을 희생시킨다는 오해를 불식하기 위해 소상공인 판로 지원 등 ESG 경영 노력을 알리기 위해 애썼다. 한편으로는 아직 그들이 아마존처럼 시장의 독점적 지위를 점하고 있지도 않다는 점에서 억울해하기도 했다. 하지만 스스로 자임했듯 이들이 어쨌거나 '한국의 아마존'이고 그 성장세가 실제 아마존의 확장세만큼이나 모두를 심리적으로 위협하기 충분하다는 점이 문제라면 문제일 것이다.

테크래시의 대안을 찾는 기업들

무엇보다 타의 추종이 불가능한 서비스라고 자랑하는 로켓배송의 최종 품질을 결국 인간의 노동력이 완성한다는 사실은 모두에게 계속 불안한 의문점을 안긴다. 배송이 '15분 퀵커머스'를 넘어 분 단위의 '나노커머스 시대'로 간다 한들 이렇게 사람을 쥐어짜내 만들어 낸 속도를 정말로 첨단이라고 부를 수 있을까.

쿠팡의 롤 모델 아마존을 먼저 살펴보는 것은 이 문제에 있어서 도움이 된다. 아마존 역시 같은 비난에서 자유롭지 못하기 때문이다. 거대한 우주 정거장과 우주 탐사를 꿈꾸는 아마존도 여전히 '고객 집착' 정신을 실현하기 위해 물류센터의 가혹한 환경과 노동을 방치한다는 비난의 표적이 된다. 아마존은 이 같은 외부 비판을 해결하기 위한 한 가지 방법으로 기술을 활용한다.

아마존은 2012년부터 선반 운반용 로봇인 키바KIVA, 재고 이동용 로봇 팔인 로보스토Robo-Staw 등을 활용해 랜덤스토우* 방식으로 운영되는 물류 창고를 관리하기 시작했다. 작업 효율이 높아졌을 뿐 아니라 기술이 고도화될수록 노동력 혹사 문제에서

---

* 랜덤스토우 방식은 상품을 품목별로 보관하는 것이 아니라 판매량, 판매 시기 등에 대한 빅데이터 분석을 바탕으로 출고 동선이 가장 짧아지는 위치에 배치해 둔다. 겉으로 봤을 때 무작위random로 놓여진 것 같다고 해 랜덤스토우라고 부른다. 작업 효율, 속도를 높이는 데 최적화된 형태로 쿠팡 역시 랜덤스토우 방식으로 물류창고를 운영한다.

도 자유로워질 수 있는 해법이었기 때문이다. 아마존의 관련 기술은 지속적으로 고도화되고 있다. 자율주행 창고 로봇인 프로테우스Proteus, 상품을 분류하고 카트에 싣는 로봇 팔 카디널Cardinal 등 새로운 로봇이 계속 개발되면서 근로 환경의 안정성과 쾌적성을 높이는 데 일조하고 있다. 아마존은 아이로봇 등 로봇 기술 기업들을 계속 인수하고 있다. 자율주행 업계에 대한 투자도 지속적으로 늘리고 있다. 구글, 테슬라, 우버 출신의 자율주행 기술 개발자들이 창업한 오로라, 전기차 픽업트럭 개발 업체인 리비안 등 관련 스타트업에 공격적으로 투자했고 자율주행 스타트업 죽스Zoox도 인수했다. 자율주행 배송이 완벽하게 구현될수록 사람의 개입 없이 더 빨리, 더 싸게 제품을 배송할 수 있는 시대가 가까워진다.

쿠팡은 어떨까. 주목할 만한 점은 쿠팡 역시 기술을 이 문제의 대안으로 내세웠다는 점이다. 자체 테크 컨퍼런스인 '2021 리빌'에서 쿠팡은 기술 기반의 업무 효율화를 통해 물류센터나 배송 담당 직원들이 근무 중 적정한 휴식을 취하면서도 초과 근무(주 52시간 이상) 없이 신속한 배송을 이뤄내고 있다고 밝혔다. 예를 들어 배달 기사는 업무용 PDA를 통해 업무량, 배송 지역, 최적 동선을 확인할 수 있다. 차량 내 물품도 AI 알고리즘 기반으로 최적의 위치에 적재된다. 이들은 "우리의 최우선 순위는 고객 편의 제공인 동시에 내부 직원의 안전과 웰빙 보장, 환경 보호"라며

"세 가지를 모두 충족시키기 위해서 필수적으로 발생하는 대립 요소들을 기술을 통해 제거하겠다"고 강조했다. AI 알고리즘을 바탕으로 한 효율적인 업무 분산과 경로 지정으로 일을 덜어내고, 전기 자동차 등 친환경적인 기술로 환경 오염을 줄이며 고객 경험을 높이는 노력을 계속하겠다는 설명이었다.

기술의 대안이 되는 기술

아마존이 지닌 물류 관련 특허에는 흥미롭고 기발한 것들이 많다. 대표적으로 예측배송, 공중 및 수중 물류센터, 집단 무인 드론과 수직 구조물을 활용한 드론 도킹 스테이션, 낙하산 활용 배송 등이 있다.

예측배송은 고객이 구매 의사가 생성되기도 전에 미리 상품 추천과 배송이 진행되는 시스템이다. 주문하지도 않은 상품이 집에 도착했을 때 소비자가 '맞아, 이거 마침 딱 필요했었어'라고 실제로 결제하게끔 하는 것이다. 익일에서 당일, 당일에서 분 단위로 줄어든 배송 전쟁의 궁극적 목표야말로 배송 시간이 0에 수렴하는 예측배송일 것이다.

공중 물류센터는 도심 상공에 뜬 대형 비행선이다. 소규모 드론이 이곳으로 수시로 드나들며 배송한다. 주문이 급증할 것으로 예상되는 품목을 대상으로 하는데 지상의 컴퓨터가 대형 비행선에 있는 물품 목록을 수시로 체크하고 주문받는다.

수중 물류창고는 특수 탱크나 호수와 같이 물속에 물품을 보관하는 기술이다. 방수 포장된 물품을 드론이 공중에서 낙하산으로 물속에 떨어뜨리면 밀도에 따라 특정 수위에 보관된다. 배달이 필요하면 음파가 물을 타고 전송되고 물품에 부착된 압축 공기 카트리지가 공기를 뿜어내 물품을 수면으로 상승시킨다. 이런 재미있는 물류 기술은 다양한 기술만으로 무인배송이 이뤄지는 공상과학 속의 세계를 떠올리게 한다.

쿠팡 역시 아마존처럼 기술 특허에 공을 들이고 있다. 쿠팡이 보유한 특허는 총 300여 건(2020년 기준)으로 알려져 있다. 이커머스 관련 특허, 풀필먼트 프로세스 전반의 최적화 특허, 예측배송 특허 등 다양한 특허를 보유 중인데 최근 3~4년 동안 출원한 특허의 경우 물류 관련 기술이 주를 이룬다.[8] 해당 특허에는 배송 경로 산출 방법이나 상품 예측배송 외에도 피크 앤 패스(창고관리 시스템), 출고 제어, 배송 처리, 재고 보충, 물류 관리 같은 개념이 포함돼 있다.[9]

'신新 쿠팡카'를 개발할 부서도 신설했다. 쿠팡의 배송 차량을 전기차, 수소차 등 친환경 차로 바꾸는 것과 함께 상품 배송을 위한 다양한 형태의 상용차를 개발하기 위한 팀이다. 제조사와의 협업을 통해 자율주행 개발 등에도 직접 관여할 것으로 알려졌다.[10] 무인운반차인 AGVAutomated Guided Vehicle 로봇을 비롯해 수

백 대의 분류 로봇을 배치한 대구 풀필먼트센터FC에서 보듯 로보틱스를 활용한 물류 자동화도 시작했다.

쿠팡의 플라이휠이 갈수록 빨라지는 이유

빅테크 기업들이 수많은 특허와 신기술 개발에 집착하는 일차적인 이유는 시장에서의 압도적인 경쟁 우위를 유지하기 위해서다. 하지만 이런 기술 독점이 가져올 부수적인 효과도 무시할 수 없다. 무인배송이나 예측배송 같은 공상과학 같은 일에 가까워질수록, 기술이 기술의 대안이 되는 시대도 가까워지기 때문이다.

예컨대 연면적 33㎡, 축구장 46개 크기의 아시아 최대 규모 물류센터이자 쿠팡이 실험 중인 미래형 물류의 테스트베드인 쿠팡 대구 FC에서는 작업자들이 선반에 비치된 주문 물품을 가지러 가거나, 배송 지역별로 분류하기 위해 고되게 움직일 필요가 없다. 1000여 대가 넘는 AGV 로봇이 주문 상품이 놓인 재고 선반을 통째로 작업자가 있는 곳으로 갖다주고 분류로봇들이 운송장을 스캔한 뒤 각 지역별로 신속하게 분류해 놓기 때문이다. 물류 자동화는 인간을 노동에서 배제하기 위해서가 아니라 인간이 더 효율적으로, 쾌적하기 일하기 위한 방향으로 계속 진보하고 있다.

경쟁 업체들이 쿠팡이 선점했던 라스트 마일을 따라잡기 위해

쿠팡 대구 FC의 무인운반차AGV

(출처: 쿠팡 뉴스룸)

쿠팡 대구 FC의 분류 로봇 Sorting Robot

(출처: 쿠팡 뉴스룸)

물류창고를 매입하거나, 개발자를 충원한다고 바쁜 시점에 쿠팡은 이미 국내 최대 규모로 첨단 물류 시대를 대비하기 시작했다. 쿠팡의 전직 개발 담당 임원은 "주문부터 배송까지 온오프라인을 통합한 쿠팡의 기술은 새로운 피드백을 반영해 계속 개선되는 자동 강화 고리를 구축했다"며 "기술 기반 경쟁이 심해지면 질수록, 시간이 흐르면 흐를수록 이 회사에 더 유리해진다"고 말했다. 이 것이 그가 '시간은 결국 쿠팡 편'이라고 보는 이유였다.

승자 독식의 기술 혁신 시대에는 추격자들이 선두 업체를 따라잡기 더욱 힘들어진다. 작은 차이가 단시일 내에 아주 큰 격차로 벌어진다. 배송의 모든 구간이 인간의 노동력 개입이 최소화된 상태에서 빨라질 때, 이 기업들의 플라이휠은 상상할 수 없는 속도로 돌아가게 될 것이다. 테크래시의 공습을 맞이한 다른 빅테크 기업들처럼, 쿠팡 역시 기술이 기술의 대안이 될 수 있을 것인가에 대한 나름의 답을 이미 내놓기 시작했다.

쿠팡의 법칙과 미래

사람들이 진짜 궁금해하는 것

한 경영전문대학원에서 주최한 '성공적인 미국 기업공개IPO로 가는 길'이란 특강 질의응답 시간이었다. 강연자는 몇 달 전 쿠팡의 뉴욕 증시 상장을 조력했던 회계법인의 담당자였고 특강에 참석한 이들은 벤처투자 업계 종사자들이나 기업의 재무회계 담당자들이었다. 미국 상장에 소요되는 비용이나 밸류에이션 측정 방법, 미국의 스페셜 상장 트랙, 자문사 선정 기준 등에 대한 다양한 실무적 질문이 나왔다. 질의응답이 거의 끝난 시점에서 익명으로 사전 접수된 마지막 질문이 소개됐다.

"쿠팡의 주가 전망이 궁금합니다."

장내에 웃음이 일었다. 뭐랄까, 그건 그런 알 만한 자리에서 나오기엔 어딘지 부적절한 질문 같았다. 하지만 참석자들이 정말 궁금했으나 체면상 차마 묻지 못하고 있던 것 중에 하나가 그 질문이었던 것도 분명해 보였다. 강연자는 곤란한 듯 웃었다. 그는 좌중의 기대 속에서 마이크를 잡고 짧게 말했다.

"모르겠습니다. 그리고 알아도 말할 수 없습니다."

어쩌면 쿠팡을 둘러싼 담론을 상징적으로 보여주는 장면이란 생각이 들었다. 쿠팡의 엄청난 매출 성장세, 인력 구조와 문화, 고객 집착 정신 다 좋지만 사람들이 정말 궁금해하는 건 따로 있었다. 이 기업의 미래였다. 그래서 이 회사는 어떻게 된다는 것인가? 하지만 정작 거기에 대해서는 다들 잘 모르거나 말하지 않았다. 우리는 쿠팡에 대해 무엇을 더 이야기할 수 있을까.

아이들이 가장 먼저 배우는 단어

세 돌을 막 지나며 말문이 트이기 시작한 둘째가 언젠가부터 집 안의 새로운 물건을 볼 때마다 "이건 어디서 샀어?"라고 묻기 시작했다. 아슬아슬한 걸음마 같은 발음으로 겨우 말하는 주제에 어른들 흉내를 내는 거였다. 그 천연덕스러운 모습이 귀여워서 잠시 생각한 뒤 답할 때마다 "쿠팡에서 샀지"라고 말하게 되는 스스로에게 놀라곤 했다. 나의 무분별한 소비 습관, 그리고 쿠팡에 대한 의존도 두 가지 측면에서 모두. 둘째의 새 머리핀과 앙증맞은 양말, 홈트용 작은 아령까지, 대체 뭘 이리도 많은 것을 쿠팡에서 사대고 있단 말인가.

아홉 살이 된 첫째는 뭔가를 사달라고 조를 때면 "쿠팡에서 주문했어?"라고 물었다. 여기에서 쓰인 '쿠팡'은 특정 쇼핑몰을 지칭한다기보다는 일종의 고유명사 같은 것이었다. 이를테면 "장 봤어?", "쇼핑했어?"와 같았다. 요즘 아이들이 가장 먼저 배우는 말 중 하나가 '쿠팡'이라는 말은 내 실례를 살펴보면 과장이 아니었다.

이 아이들이 커서 그들의 유년기를 회상할 때 쿠팡이란 회사를 떼놓을 수 있을까. 현관 앞에는 늘 로켓프레시 박스가 쌓여 있고, 엄마가 저녁마다 하는 건 쿠팡 쇼핑인데다 포켓몬 카드이든 마인크래프트 게임칩이든 뭔가 필요한 게 있을 때마다 와우배송으로 시키라고(그래야 다음 날 새벽에 오니까!) 졸라댔을 텐데. 사람들이 궁금해하는 쿠팡의 미래란 건, 어쩌면 여기에 이런 형태로 이미 와 있는 건 아닐까.

쿠팡의 법칙을 찾아서

쿠팡이 상장하고 난 뒤부터 2년간 이 회사의 성장 과정을 들여다보는 취재를 시작했다. '일본계 자금을 등에 업고 중국식 물량 공세를 퍼부어 한국 시장을 점령한 미국 기업'이란 세간의 단순한 평만으로는 이 회사의 행보를 다 설명할 수 없다고 생각해서였다. 그렇게 결론 내리면, 한국에서 스타트업으로 출발해 유니콘 기업으로 성장하고 미국 증시에까지 상장한 유례없는 성공 모델에서 끌어낼 수 있는 인사이트가 너무 빈약했다. 모두에게 손실 같았다.

취재할수록 그런 생각이 강해졌다. 쿠팡은 신기하면서도 흥미롭고 배울 점이 많은 회사였다. 이 회사엔 '쿠팡의 법칙'이라고 이름 붙일 법한 것들이 실제로 존재했다. 일단 모든 면에서 빨랐다. 어떤 서비스 런칭에도 2개월을 넘기지 않았다. 어떤 프로젝트든 최소한으로 시작하는 것이 그 비결이었다. 처음부터 완벽하기 위해 애쓰지 않았다. 작고 빠르게 시험해 본 뒤 효과가 있으면 전력질주했다. 한 번 우선순위가 정해지면 가차 없이 그것에 집중했다. 구성원 모두가 한 가지 미션을 중심으로 움직였다. 고객 집착을 상징하는 '와우'는 회사의 모든 곳에서 통하는 정언명령이었다. 목소리로 말하지 않았다. 숫자로 말했다. 수평적이었다. 심지어 국내 비즈니스 시장의 유행이 애자일로 가기 수년 전 이미 애자일 조직을 만들어 놨다. 하지만 무엇보다 놀라운 점은 쿠팡에서 일했던 이들이 공통적으로 했던 이 말이었다.

"그때 정말 재밌었어요."

쿠팡은 자기 주도적인 인재 밀도가 높았다. 엄청난 압박감과 속도 속에서 일했다고 털어놓으면서도 그들은 당시 맡았던 프로젝트를 즐거운 추억이라도 되는 것처럼 회상했다. 인재들의 몰입도를 높이고 신바람 나서 일하게 하는 것이야말로 모든 기업이 만들고 싶어 하는 조직문화였다. 쿠팡은 그 숙제를 자기만의 방식으로 풀어내는 데 성공한 회사였다.

그러고 보면 쿠팡의 리더십 원칙 중 하나인 '다이브 딥'은 결국 이런 몰입과 헌신의 다른 이름이기도 했다. 기업 활동에서든 개인의 삶에서든 목표에 집중하는 것을 훼방 놓는 불청객들은 수도 없이 많다. 회의, 의심, 비난, 조롱은 용기를 꺾고 도전을 주저앉힌다. 적당히 타협하게 한다. 하지만 이 회사는 그런 부차적 의견에 주의가 산만해지지 않았다. 누가 뭐라든 목표에 천착했고 목적지를 터치할 때까지 끝까지 멈추지 않았다. 쿠팡의 법칙을 따라 도착한 종착지에서 알게 된 건 이들의 궤적 자체가 자기 한계를 향한 또 다른 '딥 다이브'였다는 사실이었다.

쿠팡의 미래에 대한 어떤 답

쿠팡은 상장 2년 만에 처음으로 3·4분기 연속 흑자를 달성함으로써 마침내 오랜 논란의 종지부를 찍을 결정적 한 방을 보여주는 데 성공했다. '계획된 적자'는 거짓말도, 정신승리를 위한 주문도 아니었다. 쿠팡이 여전히 '약을 팔고 있다'고 굳게 믿고 있던 이들에겐 이 회사의 뉴욕 증시 상장만큼이나 충격적인 일이었다.

하지만 그것으로 인해 모든 의문이 일시에 사라지는 것은 아니었다. 쿠팡은 여전히 복잡한 회사였다. 고객 집착과 고객 우선주의는 상대적으로 판매자나 물류센터 근로자들의 불만을 증가시키는 요인이 됐다. 수많은 판매자가 뛰어드는 소매 시장에는 까다로운 문제들이 산적해 있었다. 휘발성 강한 사건 사고가 언제 다시 발생해 해묵은 국적 논란에 불을 지피고 반쿠팡 정서를 강화할지도 알 수 없는 일이었다.

신종 코로나바이러스(코로나19) 이후 단기간 일하는 긱 워커gig worker는 기하급수적으로 늘어났고, 이들을 둘러싼 처우나 노무 이슈는 쿠팡이 당면한 또 다른 종류의 리스크가 됐다. 급격히 성장한 플랫폼 기업을 대상으로 한 견제도 심해졌다. 상장 이후 국내 언론에 대한 쿠팡의 보수적인 대응 기조는 더 강해졌다.

무엇보다 변화의 속도와 불확실성을 예측하기 어려운 시대가 됐다. 코로나19 이후 달라진 소비 패턴으로 시장 환경이 요동치거나 국내 이커머스 업계의 전투가 치열해질 때마다 이 회사는 여전히 동일한 논쟁과 의혹의 안개에 휩싸일 수밖에 없었다. 쿠팡은 여전히 증명해야 할 것이 많이 남아 있었다.

하지만 쿠팡은 바로 이 순간까지도 놀라울 만큼 자신만만하다. 경쟁자에 대한 질문에는 대답조차 하고 싶어 하지 않을 만큼 그렇다. 이들은 그 어떤 회사도 그들이 파놓은 거대한 해자垓子의

근처에도 이르지 못했다고 확신한다. 거시 경제의 불확실성까지 제어할 순 없지만, 그 어떤 불확실성 속에서도 그들의 비즈니스는 통제될 수 있다고 믿는다. 정말로 그럴까?

흥미로운 건 이 자신감의 근거를 찾는 것과 쿠팡의 미래를 예견해 보는 것이 완전히 별개의 일이 아니라는 점이다. 미래에 어떤 변화가 몰아칠지는 누구도 알 수 없지만, 누군가 그 변화에 어떻게 대처할지는 짐작해 볼 수 있다.

한때 쿠팡의 중요한 변곡점을 거쳐갔던 '딥 다이버'들은 이 회사의 미래(인터뷰 당시 쿠팡은 여전히 적자 상태였다)에 대한 질문을 받을 때 별로 고민하지 않았다. 그들은 미소를 띤 채로 약속이나 한 듯 비슷한 대답을 내놨다.

"그게 뭐든, 그들은 답을 찾아낼 겁니다."

1. 다이브, 누구보다 빠르게

1. Ben Sun, "From Pickup basketball to market domination: My wild ride with Coupang", *TechCrunch*, 2021.
2. 위와 동일.
3. Alex Konrad, "The Surprise Investors Who Scored Billions From Coupang's IPO", Forbes, 2021. https://www.forbes.com/sites/alexkonrad/2021/03/15/rose-park-softbank-big-winners-in-coupang-ipo/?sh=59e8f2434e24 (Accessed at 24 Feb 2023)
4. 〈김범석 쿠팡 대표 - 뿌리 깊은 벤처 만들고 싶다〉, 《이코노미스트》 2012년 03호.
5. Elaine Ramirez, "Coupang founder has 'unrelenting focus': investor", The Korea Herald, 2015. https://www.koreaherald.com/view.php?ud=20151202001053 (Accessed at 24 Feb 2023)
6. 〈김범석 쿠팡 대표 - 뿌리 깊은 벤처 만들고 싶다〉, 《이코노미스트》 2012년 03호.
7. Ben Sun, "From Pickup basketball to market domination: My wild ride with Coupang"
8. 유민주, 『티몬이 간다』, 이콘, 2011.
9. Ben Sun, "From Pickup basketball to market domination: My wild ride with Coupang"
10. 조철희, 〈김범석 쿠팡 대표 "칼을 뽑았으니 어디까지 가는지 볼 것"〉, 《머니투데이》, 2015. 12. 01.

11. 반준환, 〈집무실 냉장고에 콜라가..김범석 쿠팡대표는..〉, 《머니투데이》, 2012. 10. 08.

12. 정선언, 〈후발주자 쿠팡이 티몬, 위메프를 압도한 비결〉, 《폴인》, 2018. 09. 19.

13. 위와 동일.

14. 〈김범석 쿠팡 대표 - 뿌리 깊은 벤처 만들고 싶다〉, 《이코노미스트》 2012년 03 호.

15. 하수정, 〈김범석 쿠팡 사장 인터뷰 "기업 목표는 성장이 아니라 행복입니다"〉, 《한국경제》, 2013. 01. 07.

16. 조미현, 〈쿠팡 온라인 배너 광고비, 삼성전자보다 더 썼다〉, 《한국경제》, 2011. 12. 29.

17. Ben Sun, "From Pickup basketball to market domination: My wild ride with Coupang"

18. 브래드 스톤 저, 야나 마키에이라 역, 『아마존 세상의 모든 것을 팝니다』, 21세 기북스, 2014.

19. Ben Sun, "From Pickup basketball to market domination: My wild ride with Coupang" 이때 한국을 찾아 시장 조사를 도왔던 상품기획 담당자 캐롤 린 차일더스는 이후 2019년 여성 네트워크 플랫폼 '치프'를 창업한 인물이기 도 하다.

2. 목적지, 한 곳만 본다

1. 〈김범석 쿠팡 대표...이제 1회초 끝낸 유통업계 에이스〉, 《시사저널》 1367호.

2. 유민주, 『티몬이 간다』, 이콘, 2011.

3. "Bank on It: Companies That Are Changing the Rules, and the World", Milken Institute Global conference 2019. https://www.youtube.com/ watch?v=QUWbesaVXB0 (Accessed at 24 Feb 2023)

4. 이종균, 〈창업팀의 비전이 창업 기업에 미치는 영향〉, 《동아비즈니스리뷰》 294 호(2020년 4월).

5. 2013 쿠팡 패밀리데이(쿠팡 전사 워크숍) 영상. https://www.youtube.com/ watch?v=EidMCPq3rjY (Accessed at 24 Feb 2023)

6. 김범석, 〈쿠팡에서 배운다. 창업하면 누구나 하기 쉬운 4가지 실수〉, 스타트업

컨퍼런스 '비런치(beLAUNCH 2013)' 영상. https://www.youtube.com/
watch?v=c2jw8PsWTJw (Accessed at 24 Feb 2023)

7. Gibson Biddle, "How Netflix's customer obsession created a customer
   obsession", 2018. https://gibsonbiddle.medium.com/customer-obsession
   -8f1689df60ad (Accessed at 24 Feb 2023)

3. 버디, 최고와 동행하라

1. 김범석, 〈쿠팡에서 배운다. 창업하면 누구나 하기 쉬운 4가지 실수〉, 스타트업
   컨퍼런스 '비런치(beLAUNCH 2013)'.
2. 리드 헤이스팅스, 에린 마이어 저, 이경남 역, 『규칙 없음』, 알에이치코리아(RHK),
   2020.
3. KDI 경제정보센터, 〈좌담-2021 클라우드를 전망한다〉, 《e경제정보 리뷰》
   2021-1호.
4. 임영신, 〈아마존 뺨치는 쿠팡의 '디지털 비밀병기'〉, 《매일경제》, 2021. 03. 18.
5. Ben Sun, "From Pickup basketball to market domination: My wild ride
   with Coupang"
6. 남혜현, 〈쿠팡 김범석 대표가 자바 개발자 행사에 등장한 이유〉, 《동아사이언
   스》, 2018. 04. 23.
7. 쿠팡 S-1 상장 공시자료(2020년 기준).
8. 박정준, 『나는 아마존에서 미래를 다녔다』, 한빛비즈, 2019.
9. 김성한, 『프로덕트 오너』, 세종서적, 2020.

4. 기술, 제약을 혁신으로

1. Ben Sun, "From Pickup basketball to market domination: My wild ride
   with Coupang"
2. 이소아, 〈쿠팡은 유통 아닌 IT회사…우리의 도전 1회 초도 안 지났다〉, 《중앙일
   보》, 2016. 02. 22.
3. Ben Sun, "From Pickup basketball to market domination: My wild ride

with Coupang"

4. 이하원, 〈손정의 "마윈은 나같은 부류라는 것, 냄새로 알았다"〉, 《조선일보》, 2019. 12. 07.

5. 윤세미, 〈'88조원' 실탄 장전…손정의 '유니콘 사냥' 준비〉, 《머니투데이》, 2020. 11. 18.

6. 유승우, 〈쿠팡 vs 反쿠팡 첫 번째 이야기: 물류〉, SK증권, 2019.

7. The Customer-Driven Supply Chain, *Deloitte*, 2018.

8. 김진우, 〈온&오프 시리즈 1: 쿠팡은 비싼걸까?〉, KTB투자증권, 2021.

9. 전설리, 박종관, 〈이마트 8만 개 vs 쿠팡 500만 개…e커머스 혁신이 몰고온 '식품빅뱅'〉, 《한국경제》, 2021. 07. 29.

10. 진현진, 〈쿠팡이 던진 '돌', 오픈마켓 파문일까〉, 《머니S》 제441호.

11. 쿠팡 홈페이지.

12. 박정준, 『나는 아마존에서 미래를 다녔다』, 한빛비즈, 2019.

13. 〈김범석 쿠팡 대표 - 뿌리 깊은 벤처 만들고 싶다〉, 《이코노미스트》 2012년 03호.

14. 유승우, 〈쿠팡, 네 번째 이야기: 이마트는 월마트인가〉, SK증권, 2020.

5. 부스터, 추진력을 높이는 법

1. 쿠팡 리더십 원칙 중 하나인 'Simplify' 설명에서 인용, 출처 쿠팡 홈페이지.

2. 윤희석, 〈쿠팡, '유료멤버십' 승부수 '월 2900원+로켓배송' 실험 나섰다〉, 《전자신문》, 2018. 10. 14.

3. 윤정훈, 〈"쿠팡 로켓배송의 비밀은?" 개발자 콘퍼런스 들어보니〉, 《이데일리》, 2020. 12. 11.

4. 신동엽, 〈초우량기업 따라하는 벤치마킹, 藥 또는 毒〉, 《동아비즈니스리뷰》 66호(2010년 10월)

5. 김범석, 〈쿠팡에서 배운다. 창업하면 누구나 하기 쉬운 4가지 실수〉, 스타트업 컨퍼런스 '비런치(beLAUNCH 2013)'.

6. 엄리용, 〈윤곽 드러난 '쿠팡이츠', 앞으로의 숙제〉, 《바이라인 네트워크》, 2019. 03. 01.

7. 브래드 스톤 저, 야나 마키에이라 역, 『아마존 세상의 모든 것을 팝니다』, 21세

기북스, 2014, 60쪽 참조.

8. 정미현, 〈쿠팡, 아마존 모델 '풀필먼트' 속도 낸다〉, 《더 벨》, 2021. 01. 15.
9. Coupang. Inc Q3 2021 Eearning Call.
10. 남희헌, 〈쿠팡 아마존 광고 비즈니스 벤치마킹, 김범석 작은 캐시카우 하나 키워〉, 《비즈니스포스트》, 2021. 12. 19.

6. 탐험, 한계 없음

1. 전국경제인연합회, 〈미국 델라웨어주 회사법의 주요 특징과 시사점〉, 2021. 11. 11.
2. 윤훈수, 〈제2, 제3의 쿠팡을 꿈꾸며〉, 《매일경제》, 2021. 05. 11.
3. MILKEN INSTITUE 2019 글로벌 컨퍼런스.
4. Ben Sun, "From Pickup basketball to market domination: My wild ride with Coupang"
5. 김범석, 〈쿠팡에서 배운다. 창업하면 누구나 하기 쉬운 4가지 실수〉, 스타트업 컨퍼런스 '비런치(beLAUNCH 2013)'.
6. Dennis Green, "Coupang CEO Bom Kim Explains Why he pivoted his company twice", *Business Insider*, 2022. https://www.businessinsider.com/coupang-ceo-bom-kim-pivot-interview-2018-12 (Accessed at 24 Feb 2023)
7. 브래드 스톤 저, 전리오 역, 『아마존 언바운드』, 퍼블리온, 2021, 665쪽 참조.
8. 김진우, 〈온&오프 시리즈 1: 쿠팡은 비싼걸까?〉, KTB투자증권, 2021.
9. 유승우, 〈쿠팡 vs 反쿠팡 첫 번째 이야기: 물류〉, SK증권, 2019.
10. 이현승, 〈쿠팡, 배송차량 개발 나선다…新쿠팡카 키워드 '수소차·자율주행'〉, 《조선일보》, 2021. 06. 01.

다이브 딥

1판 1쇄 인쇄 2023년 3월 8일
1판 1쇄 발행 2023년 3월 29일

지은이 박선희

발행인 양원석 편집장 차선화 책임편집 박시솔
디자인 남미현, 김미선 영업마케팅 윤우성, 박소정, 이현주, 정다은, 박윤하

펴낸 곳 ㈜알에이치코리아
주소 서울시 금천구 가산디지털2로 53, 20층 (가산동, 한라시그마밸리)
편집문의 02-6443-8890   도서문의 02-6443-8800
홈페이지 http://rhk.co.kr
등록 2004년 1월 15일 제2-3726호

ISBN 978-89-255-7681-7 (03320)